华丽家族

六朝陈郡谢氏传奇

萧华荣◎著

华东师范大学出版社

·上海·

图书在版编目（CIP）数据

华丽家族：六朝陈郡谢氏传奇 / 萧华荣著. —上海：华东师范大学出版社，2021

ISBN 978 - 7 - 5760 - 1750 - 2

Ⅰ.①华… Ⅱ.①萧… Ⅲ.①家族-研究-中国-六朝时代 Ⅳ.①K820.9

中国版本图书馆 CIP 数据核字（2021）第 094313 号

华丽家族——六朝陈郡谢氏传奇

著　者	萧华荣
策划编辑	许　静
责任编辑	乔　健
责任校对	林文君　时东明
装帧设计	卢晓红

出版发行　华东师范大学出版社
社　　址　上海市中山北路 3663 号　邮编 200062
网　　址　www.ecnupress.com.cn
电　　话　021 - 60821666　行政传真 021 - 62572105
客服电话　021 - 62865537　门市（邮购）电话 021 - 62869887
地　　址　上海市中山北路 3663 号华东师范大学校内先锋路口
网　　店　http://hdsdcbs.tmall.com/

印 刷 者　上海中华商务联合印刷有限公司
开　　本　890×1240　32 开
印　　张　7.875
字　　数　179 千字
版　　次　2021 年 8 月第 1 版
印　　次　2022 年 8 月第 3 次
书　　号　ISBN 978 - 7 - 5760 - 1750 - 2
定　　价　58.00 元

出版人　王　焰

（如发现本版图书有印订质量问题，请寄回本社客服中心调换或电话 021 - 62865537 联系）

目次

新版题记

王、谢二书,不意又出新版。看起来所谓"王谢风流",以及他们所贯穿的六朝风流,仍能引起读者的兴致,并没有"被雨打风吹去"。

是的,这风流并非虚幻的空花,他们自有实实在在的事功。其荦荦大者,便是两位千古名相:王导、谢安。在时局危殆之际,一个为晋室开发了半壁江山,一个保住了这半壁江山,展现出他们的担当与智慧。在六朝,他们恰与诸葛亮"同框",在后世也与之齐名而无愧。

这风流更结出两个文学艺术硕果:以王氏为代表的"晋字",以谢氏为代表的六朝山水诗。其尤杰出者,王羲之被后人尊为书圣,谢灵运被奉为山水诗的鼻祖。两样均成为传统文化的瑰宝。由此言之,其家史与国史,家族与民族,正相联结。

历史并不虚无。史实及其意义和价值,明明如月。诗云:"这些好东西都决不会消失,因为一切好东西都永远存在。"

2021 年 3 月

第一章　乌衣人家

国史以载前纪，

家传以申世模。

——谢灵运《山居赋》

时　　间：魏至东晋初，约公元 220—324 年(谢鲲死)。

主要人物：谢衡、谢鲲。

秦淮怀古

茫茫往代,眇眇陈迹,从哪里开始呢?

还是从乌衣巷说起吧。有本古书上说:"乌衣巷在秦淮南。晋南渡,王谢诸名族居此,时谓其子弟为乌衣郎。"(《景定建康志》)不过对于你我这些普普通通的读者,乌衣巷所以知名,并由之联想到王谢家族,恐怕还是受惠于唐代诗人刘禹锡那首耳熟能详的小诗:"朱雀桥边野草花,乌衣巷口夕阳斜。旧时王谢堂前燕,飞入寻常百姓家。"当我们尚是孩提的时代,我们的父母或者老师就为我们讲授这首小诗,向我们展示了诗人感怆的怀古幽绪:很久以前,在现在的南京——那时叫做建康,在秦淮河上,曾经有一座朱雀桥;离朱雀桥不远,曾经有一条车马填咽的街巷,名叫乌衣巷;在乌衣巷中,曾经世世代代居住着一些显赫的家族,其中最显赫的莫过于王氏和谢氏两家了。他们凭附着适宜的政治文化环境,在这里度过漫长的历史岁月,倜傥风流,钟鸣鼎食。后来那适宜的环境消失了,他们所仕宦的朝廷衰亡了,他们自身也败落了,那豪贵的高堂华邸已荡然无存,代之以平常百姓的普通民房。当春天,当黄昏,当野花野草在夕阳中惨淡开放的时分,翩翩归燕虽然依旧在衔泥筑巢,却早已不复有当年显贵的"房东"。

从刘禹锡的晚年算起,上溯到王谢的末代子弟,其间相距约300年,可谓去古未远,遗迹尚存。从刘禹锡到现在,又有一千多年流逝过去了。昔日的"今"已经成为今日之"古",昔日的"古"离今日更加茫远了。倘若你有机会来到乌衣巷旧址,这里当然更不复有当年的气派与风采。一条长约 150 多米、宽约 3 米的仄隘小巷,出出进进着普普通通的南京市民。西装革履的摩登青年,代替了身着乌衣的风流子弟。向西走出小巷,迎面便是曾经流溢着六朝金粉的秦淮河。河面上横卧着三座其貌不扬的水泥桥:朱雀桥、文德桥、来燕桥。朱雀桥当然是后来修建的,也不过徒用其名而已,早已不见当年的风貌,连那附丽着刘禹锡感喟过的野草花也一并消失了。

站在桥头,举目可见的是新修的大成殿、得月楼、江南贡院等拟古的建筑群,白墙黑瓦,飞甍雕梁,古色古香。附近夫子庙一带尽日熙熙攘攘,叫买叫卖,红男绿女,摩肩擦踵。可以想见,在被现代的高楼大厦重遮望眼的远处,是史书上常常提到的钟山、清凉山、覆舟山、鸡笼山,以及那不舍昼夜流贯古今的扬子江。只有它们才永恒存在。

在新的鳞次栉比的“豪宅”“华苑”面前,寒碜的乌衣巷旧址已不复有除地皮之外的很大实用价值,而只是一种象征性符号,引发着过往者对相关历史文化的记忆,使他们在这里驻足沉思。有首古诗云:“乌衣巷在何人住? 回首令人忆谢家。”乌衣巷在六朝曾经聚居着诸多豪族华宗,但在本书,我们也只能“忆谢家”了。

谢鲲墓幽思

关于这户乌衣人家,《景定建康志》的记载,刘禹锡的吟咏,都毕竟是纸上的东西,“纸上得来终觉浅”。我们的回忆从一件实物开始,这实物恰巧关联着本章的主人公,这便是谢鲲墓。

公元 1964 年 9 月,在南京中华门外戚家山北麓半山坡上,谢鲲墓出土,"冢中枯骨"早已不见,唯有墓志一块,碎瓷碗一只。墓志高60厘米,宽16.5厘米,以隶书镌刻,共4行,每行17字,所记十分简单,说他官至豫章(今江西南昌)内史,死于东晋太宁元年十一月,相当于公元324年1月,时年43岁。为他营葬的有妻子刘氏、儿子谢尚、女儿真石、弟弟谢衮(音抷)、谢广。谢尚后面还有详述。真石的女儿蒜子后来成为太子妃、皇后、皇太后。谢衮即风流宰相谢安的父亲,官至吏部尚书的要职,谢广曾为尚书,二人在《晋书》中均无传。

这位名士在一抔黄土中经历了1600余载的寂寞,重见天日,作为一件考古资料,当时人们纷纷由之确证着什么。郭沫若根据墓志上的书法,意欲确证书圣王羲之(他与谢鲲是同时代人)的书帖《兰亭集序》出于后人的伪造,在当时曾引起一场争讼,至今仍无法确证。我们在这里却可以明白无误确证:你看,有兄弟,有妻子,有儿女,这真是一户实实在在的"乌衣人家"。

谢鲲是谢氏家族的重要人物。从后面的叙述可以看出,他是谢氏名士家风的开启者,在当时和后世的士林也颇有影响。六朝时讥人依靠世资坐取公卿,谓为凭借"冢中枯骨"。现在我们的叙述也从他开始,以他破题。

前谢鲲家世

农官谢缵

谢鲲虽是六朝谢氏家风的开启者,却并不是六朝谢氏家族的始祖。在这里,先回溯一下谢鲲之前的家世。

后世的谢氏子弟喜欢夸说他们的"华宗"，炫耀他们家族的"清流远源"，其实与当时其他著名家族相比，谢氏可以稽考的历史并不悠久。其他家族的先辈大都早在汉代已官高位显，史书上也皆有案可查，谢氏却并无这份殊荣。

据说谢氏远古的始祖是周宣王的舅舅申伯，被封于"谢"地，后来失掉爵位和封地，其子孙便以"谢"为姓。《诗经·大雅·崧高》这首诗，就是申伯出封于"谢"时，大臣尹吉甫作歌向他赠别的。诗的开头赞颂道："崧高维岳，骏极于天。维岳降神，生甫及申。"意思是说：多么高大呀，那些巍巍的山岳，高大得一直耸入云霄。这山岳光降了它的神灵，生育了甫侯和申伯。诗中又道："亹亹申伯，王缵之事。于邑于谢，南国是式。"意思是说：多么勤勉呀，申伯，愿你承续先王的事业。前往你的封邑——谢，为南国的诸侯们树立楷模。谢邑的旧址，有人说在今河南南阳金华乡东谢营村附近，但也有人说在河南别的地方，年代眇邈，人事难详，并且对于六朝谢氏子弟没有什么实际意义，考据也不是本书的职志。谢鲲可靠的家世，还应在信史中寻找。

《晋书》谢鲲本传上说："谢鲲字幼舆，陈国阳夏人也。祖缵，典农中郎将。父衡，以儒素显，仕至国子祭酒。"寥寥数语而已。

关于谢鲲的祖父谢缵，我们没有多少话好讲，因为史书上本就没讲多少话，除这里外，其他地方都毫无提及，可以说默默无闻。不过他是六朝谢家有史可查的第一人，是他们的一世祖。他所曾任的典农中郎将是屯田地区的农官，负责农业生产和租赋税收等，地位相当于太守，那是三国曹魏时期的事情了。

不过关于谢缵，也有一件传闻异辞。据说至今河南省太康县谢家堂村还庋藏着他的墓碑,高1.58米,宽60厘米,厚10厘米,已断为五块,上书"魏典农中郎将谢公讳缵之墓",是其曾孙、谢安之弟谢万所立的,北宋进士谢文瓘重刻。不过也有人认为是赝品。是耶?非耶?往事越千年,很多事都在时间的逝波里模糊了,难免农人指点至今疑。

关于谢鲲的父亲谢衡我们却要多说几句,虽然史书上对他的记载也很少。你看,他"以儒素显",甚至当过"国子祭酒",分明是位"硕儒",而他的儿子却成为信行老庄放荡悖礼的"达士",透露出社会与家庭的思想断裂与"代沟"。

硕儒谢衡

不少资料都说谢衡是"晋硕儒",即饱学而纯正的儒者,但他的名字却不见于史传,准确点说,《晋书》没有为他立传。显然,尽管他"儒"而且"硕",却无赫赫的事迹与藉藉的声名,不足以单独立传。这一点先就比琅邪王氏逊色多了。王氏在六朝的鼻祖王祥、王览兄弟位至三公,他们的传记紧接帝王后妃传记之后,名列晋代衮衮诸公之首。所以,谢氏的起点要比王氏低了许多,王谢真正能够并称是谢安以后的事情。

谢衡的事迹仅见于史书字里行间的夹缝之中,爬梳起来,大约有以下几件,这几件都可以看出他儒者的本色。

大约公元298年,即晋惠帝司马衷元康八年,朝廷上曾发生一起有关"晋书限断"的小小争议,讨论撰写晋朝史书应从哪年开始。

众所周知,司马氏原是三国曹魏的大臣,但从司马懿起已经逐渐攫取了朝廷大权,他自知条件尚不成熟,没有正式篡位,仍留着曹氏皇帝作为傀儡。他的儿子司马师、司马昭,虽然狼子野心路人皆知,篡夺已成为难以逆转的定局,却也不急于黄袍加身。到了司马懿的孙子司马炎,才正式请魏元帝曹奂禅位,接过玉玺,登上金銮宝殿,史称晋武帝,追尊司马懿为宣帝,司马师为景帝,司马昭为文帝。这样,在司马氏登台的名义和实际上,便存在着一个不算很短的"时间差"。

"晋书限断"问题早在司马炎之世已经提出,因为意见分歧,便暂时搁置起来。司马衷上台后有人又重提这个话题。当时的争议分为三派。一派主张从正始元年(240年)算起,因为该年司马懿为太傅,与大将军曹爽共同执政,同时也开始了二者之间你死我活的权力之争。另一派主张从嘉平元年(249年)发端,因为该年司马懿突然袭击,发动了一场高平陵政变,捕杀了曹爽及其党羽,从此司马氏独擅朝廷大权。第三派则认为应从泰始元年即司马炎正式登基开头才算名正言顺,名实相符。那是公元265年。廷议结果,采取了第三派的意见。我们现在所说的西晋,也便是从这一年开始的。

在第三派当中便有谢衡,时为国子博士,年龄不详。

在此之前,晋武帝太康元年(280年),东平王司马楙上言,说其相王昌的父亲本居长沙,原有妻子,汉末出使中原,适值南北交兵,滞留北方,与前妻生死隔绝,音信杳然,便另娶王昌之母为妻。现在海内已经统一,王昌得知前母去世已久,请求朝廷就是否为之服丧问题加以平议。这是汉末动荡分裂以来死生离丧的现实所提出的一个带有普遍性的问题,在朝廷上引起激烈辩论。谢衡首陈己见,认为此人虽有二妻,但事出有因,于"道"无害,王昌应为前母服丧。后来还是晋武帝一锤定音,否定了谢衡的意见,说王昌不应服丧。谢衡当时的官职是守博士。所谓"守博士",即实际官阶低于国子博士,而署理国子博士的事务。

晋惠帝永康元年(300年),皇太孙夭亡,朝廷上就惠帝是否为之服丧问题展开论辩,谢衡也是第一个发言,时为散骑常侍。史载谢衡两次发言都与"礼"有关,而且是当时最为敏感最被注目的丧礼,两件事情也都记载在《晋书·礼志》中。礼是儒家一向强调的社会等级和行为规范,是儒学的核心问题之一。

此外,《晋书·王接传》中提及:"挚虞、谢衡皆博物多闻。""博物多闻"指熟谙朝章国典、繁文缛礼,这正是儒者的本分。

谢衡最有代表性的官职是国子祭酒,是"硕儒"之尤"硕"者。这种情况与琅邪王氏颇为相似。王祥、王览也服膺儒学。王祥是名闻古今的大孝子,临终以信、德、孝、悌、让训诫子孙;王览则是有名的"悌"者,朝廷上曾表彰他"服仁履义,长而弥固"。这种甄拔显扬儒者的情况,又与西晋之初的指导思想与用人政策相关。司马氏原是世世代代的儒学大族,一向重视礼,在曹魏时标榜名教即礼教,以与曹氏相抗衡;司马炎登位之后,更张扬以孝治天下,故丧礼尤被重视。所以晋初的十五六年,儒学颇有起色。据《晋书·职官志》载:

> 咸宁四年,武帝初立国子学,定置国子祭酒、博士各一人,助教十五人,以教生徒。博士皆取履行清淳、通明典义者。

国子学是最高的教育机构,以儒家经典为教材,以贵族子弟为生员,以培养官僚为宗旨。国子祭酒是国子学的校长,有"国师"之称;国子博士是国子学的教授,也非"硕儒"莫属。

把以上材料连属起来,可以对谢衡的生平仕履和风貌做一番大致的勾勒。他大约生活在曹魏末期至西晋末期,公元278年立国子学时为守博士,298年之前转为博士,此后又历任国子祭酒、散骑常侍。可以想见,他博览群书,精通儒学,熟谙礼仪,为人严谨,循规蹈矩。

在茫茫史海中,甚至在谢氏家族中,谢衡都不是一位举足轻重的人物。我们之所以不厌其烦地考索,是因为在他身上透露出时代精神变迁的讯息。历史常常捉弄人:世世代代心仪老庄的谢氏子弟,其家族竟是以儒学开始的;身为"国师"的硕儒谢衡,甚至管教不了自己的亲生儿子,使他流为老庄浮华放荡任诞的"达士",并且转而开启了子孙后世的门风!

端委搢绅一下子变为麈尾名士,其中的原委,应到"八王之乱"和"元康之放"中去寻找,这是谢氏家风变迁的外部因素。

他生活在那样的时代

八王之乱

"八王之乱"是西晋王朝一场历时持久的同室操戈。

司马炎以异姓王的地位篡取了曹魏政权,上台后汲取教训,大封自己的亲族本家为同姓王,作为朝廷的藩篱与屏障。他满以为这些同姓王既是同根所生,身上流着同样的血液,就一定会和衷共济,长治久安。但人世间事情往往违于初衷。权力是一件令人心摇目眩之物,同姓本家甚至于手足骨肉之间一条轻柔的亲情纽带,远远抵挡不住权力的强大诱惑。

太熙元年(290年),司马炎死,惠帝司马衷即位。也许是祖上心智用尽用绝,所以到了他这里,便有些不明事理。据说有一次新雨之后,他听到蛤蟆在田地里呱呱喧噪，竟问："这些蛤蟆是为官而叫呢，还是为私而叫？"哭笑不得的臣下只得回答："在官田为官，在私田为私。"这样一位痴憨皇帝，怎能控制得了同姓王那急遽膨胀的权力欲？他连自己的妻子都控制不了。皇后贾南风是一个残忍、阴狠的女人，她与同姓王相勾结，诛重臣，害太后，杀太子，其他同姓王又起兵把她杀死，并由此演成天昏地暗的自相厮杀，酿成"八王之乱"。

互相残杀的八个同姓王是汝南王司马亮、楚王司马玮、赵王司马伦、齐王司马冏、长沙王司马乂（音义）、成都王司马颖、河间王司马颙、东海王司马越。他们的势力你消我长，鱼贯入京，轮番作庄，最后收拾残局的是东海王司马越。

"八王之乱"始于公元291年，一直持续到公元306年。这场漫长的厮杀造成的第一个后果，不用说是生灵涂炭，名士被杀，国家元气大伤。第二个后果是北方"胡人"乘隙而起，相继称王称帝，问鼎中原，开启了"五胡乱华"之局。第三个后果是引发出称之为"元康之放"的社会思潮与风气。

元康之放

元康是晋惠帝的年号，相当于公元291至299年，此时正当八王之乱方兴未艾之际。士人们受到时局的刺激，接续了曹魏正始以后的风气，或清谈玄虚以自远，或任诞放达以自免。《晋书·应詹传》载东晋时应詹上书说：

> 元康以来，贱经尚道，以玄虚宏放为夷达，以儒术清俭为鄙俗。

鄙薄儒学,崇尚道家,遗落礼教,任性放纵,西晋初期那点儿儒学复兴的光景,都在"八王之乱"中扫荡殆尽了。更有甚者,士人们还做出各种各样惊世骇俗有悖情理之举。如《晋书·五行志》说:

> 惠帝元康中,贵游子弟相与为散发裸身之饮,对弄婢妾。逆之者伤好,非之者负讥。

这种胡作非为、乱七八糟的事,不能违逆,不能批评,否则伤情面,被嘲笑。这就是所谓元康之放。这种风气一直持续到西晋灭亡,到东晋仍然余风未息。

谢鲲就是在这种风气中度过他的青少年时代,并且是这种风气中出众的一员。

元康之放既有现实的政治背景,又有历史的思想渊源。它没有接续西晋之初的儒学传统,却接续了此前曹魏正始年间的玄学传统。

情礼冲突

元康之放体现出名教与自然、礼与情的冲突,可以追溯到"正始之音",特别是竹林名士嵇康、阮籍等人。

曹魏正始年间(240—249),当司马氏集团与曹氏集团争权方烈的政局险恶之秋,玄学兴盛起来。这个"玄"字,出于《老子》中"玄之又玄,众妙之门"一语,所以玄学是以道家思想为灵魂的,但又不尽同于先秦道家思想,故现在有人称之为"新道家"。玄学是一个复杂的哲学史问题,它的成因有政治背景,也有学术嬗变,这里姑不细论。当时玄学的代表人物有王弼、何晏,他们主要谈论辨析"有无""本末"等玄妙问题,后世称之为"正始之音",王、何则被称为"正始名士"。

与王、何同时而略晚,有嵇康、阮籍等七人,常于竹林之间饮酒啸傲,挥麈玄谈,号称"竹林名士"。他们把"有无""本末"等玄妙问题,具体化为名教与自然的关系问题,主张超越名教,放任自然。名教即儒家倡导的礼法,曾经长久束缚桎梏着人们的个性与情感;自然就是人天生禀有的本性和欲望,嵇康曾经说过,儒家的六经旨在抑制人的欲望,而人性却要求放纵自己的欲望;抑制欲望即不合于人的本性,放纵欲望则合于自然之理。这样他们就把名教与自然对立起来。这里显然有个性解放的呼声,也许还有故用"自然"对抗司马氏标榜名教以篡权的用心,但后世倘不谙此旨,脱离此意,便不免走向偏激。

在现实生活中,竹林名士们常常做出任情悖礼的惊世骇俗之举。如阮籍很敬重他的嫂子,有一天嫂子要回娘家探亲,他便前去话别。这在当时是不合于叔嫂之礼的,受到时人的讥笑攻讦,他却并不理会这些世俗之见,说:"礼,难道是为我辈而设的吗?"他本是一个至孝的人,当他的老母病逝时,他正与人下围棋,听到噩耗,自然心如刀割,而表面却不动声色,执意要把一局下完,然后才饮酒二斗,号啕大哭,吐血数升。殡葬那天,他仍行之若素,饮酒食肉,直到最后诀别才哭声如雷,又吐血数升。他的这些怪僻之举,当然不合于居丧之礼,故为礼法之士不容,把他比作桀、纣,扬言要将他放逐到荒寒不毛之地,以免污染华夏风气。竹林名士的行径大抵类此,其中刘伶更裸体纵酒,并著《酒德颂》以自辩。这一切便是所谓放达,被礼法之士斥为纵情悖礼,其实在这种放浪形骸的怪诞行为背后,未始不隐藏着一颗身处乱世而被扭曲的痛苦灵魂。

　　元康之放与正始之音、竹林之诞有一脉相承的关联。元康以来,清谈玄学之风复炽,放纵恣肆之行更盛。当时人们谈到元康之放时,总要归罪于阮籍,称之为始作俑者。也有人认为嵇康、阮籍等人生当乱世,他们的放达有难言之隐,元康诸人则是东施效颦的无病呻吟。其实也非尽然。元康士人生当八王之乱,目睹堂堂皇室骨肉之亲互相戕杀,何尝不痛感朝廷上倡导的"礼"之虚伪? 在八王你争我夺的刀光剑影之中,无所适从的文人名士纷纷成为刀下之鬼,他们又何尝不心怀恐惧,佯狂玩世以求自免呢?

　　即以谢鲲而言,在他20岁出头时,长沙王司马乂曾一度入朝执政,听说谢鲲想逃出京城投奔他人,便派人把他抓去鞭打。谢鲲知道辩解无益,便索性自行解开衣裳,露出脊背,任凭发落。大概司马乂觉得他不像心怀鬼胎的人,便收回成命,下令释放,谢鲲又默默穿好衣服。他自始至终一言不发,脸上也毫无喜愠之色。那时他正是一个敏感自尊的青年,纵使鞭痕没留在皮肉之上,又怎能不留在心灵之中?

　　东晋时有人作《名士传》,以王弼、何晏为正始名士,嵇康、阮籍为竹林名士,谢鲲等人为中朝名士,就是这条名士链,冲击了悠久的儒学传统,形成文化思想上的演化。

那样的时代生养了他

与嵇、阮合传

　　前面我们在地下挖掘的古墓中认识了谢鲲,而在文献资料中,谢鲲与嵇康、阮籍等人的合传,都在《晋书》第49卷中。古代史家作传,常把那些事迹或思想有相似之处的人物合为一卷。这一卷内还有其他一些元康名士,可以说是放达任诞的名士专卷。史家显然是经过精心安排的,他们都是名士链中的一环。谢安曾经说过,伯父谢鲲倘若生在前代,遇上嵇康、阮籍一伙,定会挽起他们的臂膀,联袂步入竹林饮酒徜徉。倘历史真有这种遇合,那么竹林七贤就该是竹林八贤了。

谢鲲与阮籍都有一桩颇为相似的风流韵事。阮籍邻家少妇颇有姿色,与丈夫开了一个小酒店,像当年卓文君那样亲自当垆沽酒。阮籍常常前往光顾,喝醉了便在她身边睡觉。她丈夫起初不免生疑,后来见阮籍虽放诞不羁,却毫无什么不轨之举,也便释然了。

谢鲲恰巧也有这么一位芳邻,是个当窗而织的漂亮姑娘。谢鲲有一次在窗口挑逗她,冷不防被一只飞梭打个正着,当场掉下两颗门牙。此事在士林传为笑谈,说是"任达不已,幼舆折齿"。幼舆是谢鲲的字。他却并不屑意,也不向那位姑娘计较这两颗牙齿,仍悠然自得道:"折齿算什么,又不妨碍我啸歌!"

二人之无视礼法,有如此相似者。

谢鲲没有什么丰功伟业,但在谢氏家族却是不可忽视的人物。不是农官谢缵,也不是硕儒谢衡,而是性好老庄的达士谢鲲开启了谢氏的名士家风。在谢氏家族中,他是史书中正式立传的第一人。

谢鲲当然不能成为竹林八贤之一,倒成了"四友""八达"之一。

"四友"

当公元291年"八王之乱"开始时,谢衡约40岁左右,身为国子博士,信仰与人生观已经定型,不大会受时风众会的影响,我行我素地做他的硕儒。谢鲲正好相反。那时他才十一二岁,正是素丝易染的年龄。到公元 306 年"八王之乱"结束时,他已经成为二十六七岁的青年。在八王厮杀声中,在元康放达风里,他度过可塑性最强的全部青少年时光。

西方有位研究"代沟"的学者,把孩子向前辈学习为特点的文化称为"前借喻型文化",而把向自己同辈人学习为特点的文化称为"相互借喻型文化"。谢衡虽然身为国师,传授儒经,讲论礼制,儿子似乎没向他学得什么东西。他拿儿子毫无办法,犹如贾政拿贾宝玉毫无办法一样,也犹如现代的父母拿种种时尚毫无办法一样。

当家教与新潮发生冲突时,家教往往要败北,于是父与子双方都大喊"代沟"。

谢鲲与父亲之间便有一条很深的代沟。他原是一个聪敏的孩子,看到当时名士们清谈《老》《庄》《易》这"三玄",便也悉心研读。他记性好,悟性强,很快能够侃侃而谈。在生活上也染了一身名士派头,随随便便,不拘小节,任情放达,得到大名士王衍、王澄兄弟的赏识。

王衍、王澄也属琅邪王氏,不过与前面提到的王祥、王览不属一支,是他们的族孙辈,又是大名鼎鼎的王导、王敦的族兄。

王衍尤其著名,是士林公认的风流领袖,在朝廷上是达官贵人,一直做到太尉(最高军政长官),并曾当过统率大军的元帅——虽然是一位全军覆没的元帅,并且落得个"清谈误国"的千古责难。他仪容标致,风神高朗,有"琼林玉树"之称,谓他高出风尘之表。他精熟庄老,极善清谈,偶有不当之处,随口更正,人称"口中雌黄"。清谈时手执麈(音主)尾,那洁白光泽的玉柄同他的手一样颜色,无法分别。所谓"麈尾",据说原是一种名叫"麈"的大鹿之尾巴,在群鹿行动时可指挥方向。名士清谈时所执的麈尾形似蒲扇，又如树叶，叶尖椭圆，两边平行，底部平直，装有白玉、象牙之类镶嵌的手柄。它是清谈玄学的象征，又是高门贵胄的象征，所以南朝时有"麈尾扇是王谢家物"之说。总之，在这个小小的物件上面，凝聚着六朝时代精神的折光。

当时的青年士子纷纷效法王衍的容止，使这种虚华浮诞之风大行于世，谢鲲当然是其中一个。

王衍之弟王澄则属放荡任达的一派，这一派不尚清谈，而尚实行。有一次他出任荆州刺史，朝廷官员在郊外为他饯行，此时他忽见一棵大树上有个喜鹊窝，不禁异想天开，脱掉官服爬上树顶，将小喜鹊取下随手把玩，神情自若，天真得犹如儿童。到任后则日夜纵酒，不理政务。

谢鲲与同辈人王敦、庾敳、阮修相友善，以青年名士彼此标榜，共同追随王氏兄弟，号称是他们的"四友"。这种"相互借喻"的诱惑力，显然比谢衡的儒学说教大得多。

王衍、王澄既有高位，又以善于品鉴人物著称，王衍更号为"一世龙门"，青年士子一经他的品评便身价十倍，摇身成"龙"。谢鲲的仕途前程，自然也得力于他们的赏识提拔。还有一事也值得注意：王衍、王澄对后世王氏子弟的影响，反不如对谢氏子弟的影响来得深远。这当然是通过谢鲲这个中介，可谓"移花接木"。

"八达"

与谢鲲平辈而"相互借喻"、相互标榜的，还有所谓"八达"。

给谢鲲以很大知名度的是王衍，而直接拔擢他登上仕途的，则是八王之乱残局的最后收拾者——东海王司马越。

　　一个时期的用人方针，与该时期的社会风尚、价值标准切切相关。在朝廷提倡儒学的西晋前期，谢衡以儒术登上政治舞台。而生活在八王之乱和元康之放以后的谢鲲，则以放达的名声踏上仕途。当时人们创造出两个很有讽刺意味的词儿："白望""养望"。"望"是名望、名声，"白望"就是虚名、空名。高谈玄虚，饮酒放达，纵情背礼，使自己成为名士，这个过程就叫做"养望"。当时有的当权者，偏偏喜欢任用这种"白望"名士。东晋时有些人批评西晋末这种用人方针是"先白望而后实事"，是"选官用人，不料实德，唯在白望，不求才干"，即不问被任用者的真才实学如何，只听他在士林中的虚名。

　　司马越用人便是如此。

　　晋惠帝光熙元年（306年），"八王之乱"结束，司马越为太傅执掌朝政，不久就辟置了谢鲲、庾敳、阮修、胡毋辅之、光逸等人为僚属。这些人都崇尚老庄，不理政务，纵酒放诞，名满当世。所以胡三省在《资治通鉴》中加了一个注脚："越所辟置，采虚名而无实用。"不过这些人也未必真无"实用"，只是比较敏感，或者崇信老庄而不屑实用，或者看破危局而不敢实用。比如谢鲲就颇有眼光，他看到八王之乱虽收，胡人之乱却方兴，朝廷内部更是勾心斗角，所以干了不久就托病辞职，到豫章躲避起来。

　　数年之后，王敦为左将军，镇守豫章。因为当年都属"四友"之列，王敦便引谢鲲为自己的长史（相当于助理）。晋愍帝建兴三年（315年），谢鲲随王敦讨平巴蜀流民首领杜弢之乱，王升为镇东大将军，谢也随之成为大将军长史，并封为咸亭侯。不过谢鲲虽然放荡，却并不糊涂，他逐渐看出王敦这个人颇有野心，不会久甘人臣之位，所以他就不思进取，把功名二字看得更淡了，凡事模棱两可，以避灾远祸，常常与胡毋辅之等人饮酒放诞,并赢得了"八达"的雅号。

有一次,谢鲲、阮放、毕卓、羊曼、桓彝、阮孚等人在胡毋辅之家中闭门纵酒,已经连饮了好几天,酒兴犹浓,干脆赤身裸体,披头散发。此时恰巧光逸从北方来投奔胡毋辅之,他本是个酒鬼,自然也极想加入,门卫却不放他入内。他一急之下,便脱下衣服,摘下帽子,从狗洞中探进头去大叫起来。胡毋辅之听到大惊说:"别人谁能如此,必定是光逸无疑了。"立即喊声"有请",八个人于是酣饮如初,时人便呼他们为"八达"。

所谓"达",就是在精神上达到老庄的玄远境界,在行为上纵情背礼,狂诞不羁。《晋书·熊远传》载熊远上书说,时人以"从容为高妙,放荡为达士"。所以通俗点说,"达"就是放荡。这八位"达士",真是各有一本放荡账。如毕卓说过一段千古名言:"右手持酒杯,左手持螃蟹,浮荡酒船中,便足以了却此生了。"王尼曾为养马军士,胡毋辅之等名士携带羊肉醇酒前来,在马厩中痛饮。不过,"八达"对乱世危局大都有清醒看法,足见他们的放荡,也实在有不得不然的苦衷。

"八达"中除桓彝外,都入《晋书》第49卷,即都与嵇、阮合传。史官在该卷"传论"中说他们:"相彼非礼,遵乎达生;秋水扬波,春云敛映。"称他们无视礼法,遵行庄周通达之旨;赞他们自由自在犹如水波,舒卷自如犹如云朵。是耶? 非耶? 或是非兼有耶?

名士暮年

说是"暮年",其实南渡之时,谢鲲也不过三十四五岁,但是要知道,他的一生也只有四十三岁呀。

哭卫玠

在豫章，谢鲲意外见到一位他推崇备至的友人卫玠。卫玠也是他"相互借喻"的同辈之一，不过名声要大得多。

卫玠与王衍同为海内公认的风流领袖，南渡以后，有"江左第一名士"之称。他出身于河东世族卫氏，年轻，敏感，纤弱多病，长于清谈玄学。魏晋名士大都讲究姿仪之美，这也是名士风流的条件之一，而卫玠尤其秀美绝伦，从小被称为"玉人"。他的舅舅虽也风姿英爽，气宇不凡，但在他面前总自惭形秽，曾对人说："同我外甥站在一起，身旁似乎有颗璀璨明珠，光彩照人，把我显得丑陋不堪！"前面提到的那位王澄，本是一位目空一切的狂者，少所推许，但每当与卫玠清谈，便不能不心悦诚服，甘拜下风，以至于"绝倒"——即佩服得五体投地，所以时人编出两句韵语："卫玠谈道，平子绝倒。""平子"者，王澄之字也。

卫玠就是这么一个稀世的"尤物"。

谢鲲曾与卫玠过从甚密。他比卫玠年长，却对卫玠行"亚父"之礼。"亚父"者，叔父也。就是说，他是用对前辈的礼节事奉卫玠的，可见推崇到何等程度。后来天下纷乱，各奔东西，中朝名士风流云散，二人从此音信杳然。

卫玠在北方，看到天下已无丝毫好转的迹象，便带着老母南渡避乱。临行告别正在朝廷做官的哥哥时，一再勉励他尽瘁国事。及至来到江边，准备登舟出发，猛抬头看到一片茫茫秋水，触动了他同样茫茫的家国之忧，不禁泫然涕下。可见他并不是一个徒尚虚谈的"白望"，不是金玉其表全无心肝的花花公子。

卫玠来到豫章，打算投奔王敦，不料遇到久违了的谢鲲。二人沦落南国,异乡相见,都喜出望外。当时名士的风气,即使契阔良久的旧友,见了面总是三句不离本行,以清谈玄学会友。于是二人便连夜清谈起来,谈了个通宵达旦。卫玠才子多病,据说这次竟夕长谈引发了他的旧病。大将军王敦虽被晾在一边,却也听得入了迷,因为他原也是个麈尾名士。事后他对这番长夜之谈做了一段很有名的评论:"昔日王弼在北方清谈,声如鸣金,铿锵悦耳;今日卫玠在江南玄言,清音婉转,犹如玉振。一度中断的微妙玄理,终于又接续起来了。真没想到在这纷扰的永嘉年头,又听到令人神往的正始之音。可惜王平子不在,否则他又该'绝倒'了。"我们则从王敦的评论正可看出,那从正始以来的玄谈风气,又开始在江左流播开来。

卫玠是聪明人,不久也看出王敦野心勃勃,又有重兵在握,难免发生祸端,豫章不可久居。于是便辞别王敦,来到建邺(东晋建立后成为首都,改名建康)。建邺的士人们久仰他的大名,久闻他仙子般的绰约风采,竟欲一睹而后快。于是都聚集在街头,道路两边犹如两堵人墙,围了个水泄不通,正像现在狂热的青年女士围观某位大名鼎鼎的影星、歌星一样。卫玠终于光临了,他不得不向夹道的观者挥手致意,与邂逅相见的熟人寒暄几句,一路的风尘劳顿,加上那次竟夜长谈的疲累,卫玠身体本就羸弱,不久便一病不起,死在建邺,年仅27岁。他那些金声玉振般的清谈早就消失了,只为后人留下一个浪漫色彩的典故:"看杀卫玠。"因为标致而被看死,这真是标致者的悲剧!

噩耗飞快传到豫章,那是旧历六月下旬,正是南方骄阳似火的盛夏。谢鲲得知后,立即冒着酷暑,星夜奔赴建康,向他精神上的"亚父"作最后诀别。出葬之时,他如丧考妣,放声恸哭。有人问他何以如此悲伤,他说:"栋梁摧折了,哲人凋零了,怎不令人悲痛欲绝!"

物伤其类。他痛哭的无疑是那永远消失的知音,那不可复得的彻夜玄谈。

谢鲲就这样在时风众会之下成为麈尾名士,成为放荡达士,一步步远离开父亲硕儒谢衡。

谏王敦

王敦与朝廷的矛盾日益尖锐,到了一触即发的境地。

王敦是王导的堂兄,二人一文一武,从西晋之末倾心辅佐琅邪王司马睿,笼络人心,开创江南,立住脚跟,于公元 317 年建东晋,扶持司马睿成为晋元帝,立下殊勋。王氏势力自然水涨船高,不断扩张,王导在内为丞相,王敦在外为元戎,其他子弟据有军政要职者不下数十人,以至于当时有"王与(司)马,共天下"之语。"王与马,共天下"后来之演为"王与马,争天下",一方面因为王敦生性桀骜,好树亲信,又有野心,另一方面也因为自古君王对于功高震主的重臣素怀猜忌,总想抑制。司马睿看到王氏亲族势盛,便引刘隗、刁协为心腹,以牵制裁抑王氏,连忠心耿耿的王导也被疏远。

王导对此尚能隐忍,王敦却针锋相对,决不妥协,打算以诛讨刘隗、刁协为名反上京师。当他与谢鲲商谈此事时,谢鲲不敢正面拂逆他的意志,只是旁敲侧击,婉言劝谏:"刘、刁二人诚然可恶,但明公要投鼠忌器呀!"意谓应以国家社稷为重。王敦哪里能听得进去,骂了一声"庸才",让他出任豫章太守,但又暂不放行,意欲借用他的名望,裹挟他随军东下。

永昌元年(322年)正月,王敦从武昌举兵,顺流而下,直指京都建康。二月占领芜湖,三月攻入建康西侧清凉山下的石头城。石头城面水背山,风景秀异,形势险要,是建康的军事重镇,素有"钟山龙盘,石城虎踞"之说。王敦登高举目四望,忆起当年在此与名士们饮酒赏玩的情景,感慨道:"而今而后,我恐怕不得与诸君在此共享良辰美景赏心乐事了。"言下之意是,他此举或胜为帝王,或败为国贼,二者都不复能过名士的风雅生活了。谢鲲在旁趁机谏道:"明公何必如此伤感!只要而今而后,一天天淡忘君臣前嫌就是。"

兵临城下,元帝已无法保护他的宠臣刘隗、刁协,只得拉着他们的手,流泪呜咽,劝他们逃跑。刘隗投奔了北方的后赵,死于异国,刁协在半路为人所杀。元帝又下令百官到石头城拜见王敦,王敦捕杀了戴渊、周颉二人。参军王峤出来谏阻,王敦大怒,要一并处死。此时谢鲲挺身而出说:"明公举大事以来,不杀一人,现在王峤因异议见杀,不是太过分了吗?"这一番话,救了王峤一条性命。

王敦在石头城,始终称疾不肯入朝谒见天子。四月,他将率兵返回武昌。临行前谢鲲劝他上朝拜别皇上,使君臣释然,言归于好。王敦问:"你敢担保不出事吗?"

谢鲲说:"我近日入朝觐见皇上,宫廷秩序井然,陛下也很想见明公,绝不会出什么不测之事。公若入朝,我可奉陪。"

王敦本无心上朝,听到这里,勃然大怒:"你这种人杀死百八十个,于事何损!"竟不朝而去。

谢鲲在王敦身边,无异于伴虎;他时常正言规劝,又无异于触犯龙鳞。亲友们为之担心,他却安之若素。王敦虽对他不满,但因他有高名而无大害,终究未予加害。只是一回武昌,就把他打发到豫章做内史去了,省得他在耳边啰嗦不休。谢鲲在豫章为政清肃,很得百姓爱戴。第三年六月,王敦病死,叛乱被朝廷讨平。谢鲲已在半年多前死于豫章,可谓死得其时,省却了后来的许多麻烦。

看来世事真不可一概而论,那些纵酒豪饮的狂士,也未必个个都是"白望"。他们往往看得太透,因而也不太执着,浅尝辄止。

此子宜置丘壑中

所以谢鲲毕竟是庄老信徒,而不是积极用世者。

谢鲲的头脑无疑很清醒,也许正是这种清醒才使他佯狂避世,希心方外。据史书记载,谢鲲原有文集六卷,后来都在历史的劫波中淹没了,只留下一篇残缺不全的《元化论序》,略能透露出他心灵深层的一点隐衷。《元化论》今也不存,据说是隐士董养所作。晋惠帝元康初年,皇后贾南风擅权乱政,董养当时正在京城洛阳,预感天下将乱,便写下《元化论》。果然,"八王之乱"紧接着开始。

西晋之末永嘉年间,董养又一次来到洛阳,恰巧碰上洛城东北角塌陷,中有天鹅二只,一灰一白,灰的展翅高飞入云,白的却扑扇着翅膀飞不起来。他说灰鹅是胡人的象征,将要得志入据洛阳;白鹅是晋室的象征,将要一蹶不振了。他对谢鲲说:"知几其神乎! 君可深藏矣!"意谓能够预知吉凶之兆的人才最高明,你应深深隐遁起来避此乱世了,董养的凶险预言看似神秘,其实是对天下大势明敏观察分析所作出的附会。果然几年之后,胡人攻陷洛阳。谢鲲《元化论序》大约就作于此时,保存下来的几行文字只是记下上述事情,没有申述己见。《元化论》和《元化论序》的具体内容虽都不得而知，但可想见，"知几其神，君可深藏"的告诫一定使谢鲲震惊，未卜先知准确无误的预言也一定使谢鲲感佩，因而才为之作序的。

董养作为无所挂累的隐士，看到天下将乱，大难将临，便带上妻儿，担起行囊，飘然远引，回到巴山蜀水的老家，从此不知所终。而谢鲲作为一名世家子弟，却不能如此决绝，只能一面做官，一面醉酒玄谈以避灾远祸，这就是所谓"朝隐"。

有了这种心态就必定神往山水。当时有个名叫庾亮的名士兼皇亲国戚，与谢鲲齐名士林。晋明帝司马绍当时还是东宫太子，曾问谢鲲："人家都把你比作庾亮。你自以为如何？"谢鲲回答："如果端立在庙堂之上，成为百官楷模，那我自愧弗及；如果论到纵意山水丘壑，我自信胜他一筹。"几十年之后，大画家顾恺之画了一幅谢鲲像，背景便是层层叠叠的山岩林木，有人问他何以如此，他说："此子宜置丘壑中。"显然他是据谢鲲语意画的，谢鲲地下有知，应把这位画家引为知音。

山林皋壤，一向是道家和玄学名士的精神家园和心灵依归。在这方面，他们比其他学派有更加开放的心胸和审美的情怀，有更为超越的精神。谢鲲身为达士，心仪老庄，自然神往山水。他既自信在"纵意丘壑"方面度越他人，则当有登山临水流连忘返的事迹，有如阮籍，只是未曾记载下来。这一点也启示了一代代谢氏子弟，形成一个怡山悦水的传统。

谢鲲精神与风格的一些基本要素，在后世谢氏子弟中不断重复。重复便是传统。谢衡的"硕儒"风范，被"达士"谢鲲一刀切断了。

雅道相传

六朝风流

现在说到由谢鲲开启的谢氏名士家风。让我们先从当时的社会大环境说起。王、谢等贵族名士活动的主要历史单元是六朝,即魏、晋、宋、齐、梁、陈,谢氏则较为晚出些,主要是两晋南朝,在乌衣巷聚族而居,更是两晋之际的事情——那正是从谢鲲开始的。

以王、谢为代表的乌衣豪门,原是北方的中朝衣冠。王氏的祖籍是琅邪临沂(今山东临沂),谢氏的祖籍是陈郡阳夏(今河南太康)。"八王之乱"开启了"五胡乱华"之局,匈奴、鲜卑等族相继陷洛阳,占长安,杀怀帝,害愍帝,中原衣冠士族纷纷南渡避乱,投靠后来成为东晋元帝的琅邪王司马睿,成为侨姓士族,并在这残山剩水中世世代代生活下来。

把魏晋六朝看作一个历史单元,是因为有三条线索贯穿始终:一是社会组织上的门阀等第制度,二是保障这门阀延续的九品中正选官用人制度,三是标志着门阀清雅的清谈玄学风气。这三条线索虽日趋衰减,却不绝如缕,有异于其他历史单元。这便形成了一个个源远流长的豪贵家族,其子弟凭借世资,依靠地势,麈尾风流,坐取公卿。他们极为珍视、竭力护持家族的势力,因为这是他们的升官图与护官符,也是高贵血统的象征与标记。他们不仅可以以此傲视寒人庶族,也可以以此傲视那些依靠汗马军功暴发的新贵,甚至可以以此傲视皇权。皇帝有权把一位寒人封为达官,封为公侯,却无力把他们封为士族,因为士族是世世代代形成的,不是一道圣旨可以加封的。

魏晋六朝,帝姓屡迁,对于世家子弟来说,做皇帝的无论是张三,是李四,还是王五赵六,都可以漠然处之而无动于衷,要紧的是家族的地位。在背后森森剑影而外表谦谦礼让的禅位大典中,起草禅诏、传递玺绶这皇权象征的,大都是头号士族的王、谢子弟。在他们看来,这不过是"将一家物与一家",没有伤感,更没有愤慨。所以在魏晋六朝世家子弟中,要找到三五个忠臣不易,要找到三五打孝子不难。他们关心的是家族的延展,而不是朝廷的兴衰。当时流行的老庄处世态度教育他们超越,但处理国事可以飘逸潇洒,处理家事则不可。

不过,这六朝虽然门阀如林,家族众多,他们修撰的族谱甚至有"百家谱"之称,但有的中衰,有的晚起,有的原是世居南方的吴姓士族,真正能够贯穿始终的,不过王、谢等几家而已,其中尤以王、谢两家为兴隆。随着门阀制度的变迁,他们虽也呈现出江河日下之势,但毕竟代代有人,朝朝为官。据台湾地区学者毛汉光《两晋南北朝士族政治之研究》统计,此间一品至五品官员数量,王氏共 171 人,谢氏共 70 人,何况还有众多的五品以下者未计在内。

从这个数字还可看出,虽然王谢两家在当时已经并称,所谓"王谢高门非偶""麈尾扇是王谢家物",后世也以王谢为豪门华宗的典型,但谢氏比王氏显然南风不竞,二者的家风也有异。

名士家风

当时的各个家族,权势虽有大有小,有久有暂,有长有消,但其为"权势"则一,其于家风则有异。

"家风"二字,完全可以对等译为家族精神文化传统。当时士人好教子弟,诫子弟,以致南北朝之末有集大成式的《颜氏家训》一书,正是向后世传递自家传统。当时又好修撰"家谱""家录""家传"之类,也是提醒后世保存家族传统,如谢灵运《山居赋》有云:"家传以申世模。"便明言以家传申述家族文化模式的用心。

各个家族的家风除有"共相"外,又有相对而异、保持甚久的"殊相"。何为陈郡谢氏家风的殊相?《南史·谢晦等传》史官评论说:"谢氏自晋以降,雅道相传。"显然,"雅道相传"便是谢氏特有的殊相,而"自晋以降",其实便是自谢鲲以降。

"雅道相传"四字甚好。"雅道"是一种精神文化风貌,"相传"正是现代所说的文化传承。"雅""俗"这对价值判断,其标准因人而异,因时而异。在儒学兴盛的汉代,以言行合于五经为雅,以悖于五经为俗。在老庄玄学流行的魏晋六朝,则以高蹈出尘、任情背礼为雅,以尘务经心、拘挛礼法为俗。如当时语云:"处官不亲所司,谓之雅远""以偃蹇倨肆为优雅",可以看出那种喜尚不理政务、任诞放达的价值取向。在魏晋六朝,雅是名士风流的同义语,"雅道相传"的谢氏家族便得此种精神风貌。

《晋书·谢安传》说时人比谢安为王导,只是"文雅过之"。王导、谢安都是东晋名相,是王谢两家在政治上最有成就的人物,也是两家家风的典型代表。"文雅过之"不仅是王导、谢安二人之异,也是王谢二家之异。王导的五世孙、南齐名臣王俭曾说:江左风流宰相,唯谢安一人而已。他也不能不承认在名士风流方面,其高祖王导终不能不让谢安一头。

在我看来,谢氏文化传统的殊相是名士家风,这种家风的精神底蕴是老庄心态,这种心态的结构是重情轻礼。

诚然,在魏晋六朝,名士家家有,代代有,却都不像谢氏那样一以贯之;老庄玄学处处谈,世世谈,始终不绝如缕,而以谢氏最为持久。在两晋南朝谢氏家史上,除一世祖谢衡是"硕儒",末世孙谢贞受儒学熏陶外,再无一人好儒学者,这与琅邪王氏大不相同。

早在梁朝,谢氏的同乡袁昂便说过:谢氏子弟纵使长得不甚端正者,也"爽爽自有一种风气"。这其实就是名士家风。直到南宋,大词人辛弃疾还在一首词中写道:"谢家子弟,衣冠磊落。"在众多名家子弟中单独挑出谢家子弟,也可见他们尤其喜尚高华。

谢氏"雅道相传"的名士家风、庄老心态,在行为上大抵外现为以下数端:适情悦意的生活理想;"朝隐"的处世态度;讲究风神仪表;向往山水风月;爱好文学;由上述种种熔铸而成的山水诗的"合金"。

胡三省注《资治通鉴》说:"荣华之族谓之华宗,其子弟谓之华胄。"这大抵指显耀地位与豪贵生活而言。六朝人批评清谈玄学、放诞任达之风为"华竞""华伪""庄老浮华",则主要指精神状态而言。本书称谢氏为"华丽家族",实兼有二者之意,即它不仅是一个政治贵族,亦是一个精神贵族。

传承与变异

上述一脉相传的名士家风,不过是事情的一个方面。

从另一方面说,六朝毕竟经历了六个朝代,各朝代内部又发生过许多动乱变故,它们虽有许多共同特点贯穿其中,自成一个历史单元,但其间也有政治环境的深刻变迁,如晋宋之际便是。在谢氏子弟方面,他们毕竟历世十几代,为了保存门户,以利生存,亦不能不自我调节以应世,其家风也显示出变异性与阶段性。

大致而言,谢鲲、谢安、谢弘微是谢氏家史上三座里程碑。主要生活于西晋的谢鲲是谢氏名士家风的开启者,其文化心理结构的特征是纵情悖礼;东晋谢安是这种家风的奠定者与标志,其文化心理结构的特征是扬情抑礼;晋宋之际的谢弘微是家族传统的"变体",其文化心理结构的特征是内情外礼。到南朝之末,当政治环境根本改变,谢氏无法在原有文化心理结构内进行调节以适应时势,它便永久消亡了。

处于这三座里程碑中间或前后的谢氏子弟,则是一些传承、稳定、过渡性人物,其中自然也有较小的门风变迁,共同构成家族传统的"变体链"。

即使在发生较大变迁之时,谢氏家风的一些基本因素并未改变。正因如此,才有一以贯之的线索可言,才能将谢氏家风概括为"名士家风"。

当这种家风与外部环境发生冲突时,那些不能及时自我调节以适应的谢氏子弟,便殒身成为时代的牺牲品。这大抵发生在晋宋之际和之后,寒人势力崛起并掌握权力的时候。

以上便是本书的叙述线索。由于涉及到人数众多的谢氏子弟,书后附有简单的谢氏家族世系表,以备查阅。

第二章　新出门户

　　谢万在兄前,欲起索便器。于时阮思旷在坐曰:"新出门户,笃而无礼!"

——《世说新语·简傲》

时　　间:东晋前期,约公元 317—360 年(谢安出山之前)。

主要人物:谢尚,谢奕,谢万。

谢鲲开启的名士家风由其子侄辈传承下来,首先是谢尚、谢奕、谢万。他们是谢安的平辈兄弟,谢万还年少于谢安,但他们出仕、逝世都比谢安早得多,作风也与谢安有所不同,可以说是由谢鲲通向谢安的中间环节。他们之间也有不少交叉点,如都任诞风流,都做过将军,都出任过豫州(在今江苏、安徽长江以西及淮河南北一带)刺史,并相继出任几乎相同的职位,可以说是三个难分难解的任诞将军。

　　他们的任诞,是谢鲲等渡江名士的延传。

　　西晋怀帝司马炽永嘉五年(311年),是多灾多难多耻多辱的一年。三月,率领晋军主力的东海王司马越在匈奴进逼下忧惧而死,军队由太尉王衍统领,旋被包围,主力全部覆灭,王衍本人也被掳杀。六月,敌军攻陷焚烧京都洛阳,司马炽被掳,不久被害。从此,保家心切的北方士族便纷纷率领奴仆、佃客南渡长江,避乱江左。当时正辅佐琅邪王司马睿经营江东的王导认为这是一份可以依借的力量,提议司马睿择优录用。司马睿很快就征辟了一百零六名掾属(各种僚属的通称),时称"百六掾",其实大都是往日的中朝名士。

　　这些南渡的中朝名士,心态是复杂的。

　　起初他们伤感悲慨,甚至也激起过一点光复神州的心灵火花。过江名士每至风和日丽美景良辰,便到长江边上的新亭宴饮清谈。一次,有位名士起身举目四望,遥见对岸已芳草萋萋,叹道:"风景依旧,江山社稷却非复往昔了!"别的名士不禁相视流泪,歔欷不已,只有王导正色说:"现在诸君正该同心同德,效力王室,克复神州,何至像囚虏那样哭哭啼啼!"王导虽较为振奋,但因种种原因,克复神州的心愿也只是泡影而已。

　　不少渡江名士反思西晋沦亡的悲剧,把责难集中到玄虚任达的元康之放上,提出清谈误国之论。如《晋书·陈頵传》载陈頵致信王导说:"中华所以倾弊,四海所以土崩者,正以取才失所,先白望而后实事……加有老庄之俗倾惑朝廷,养望者为弘雅,政事者为俗人。"《桓温传》载桓温北伐,登楼眺望,慨然说:"使神州陆沉,百年丘墟,王夷甫诸人不得不任其责!"王夷甫即王衍。不错,对于西晋的覆亡,王衍等风流名士有无可推诿的责任,但在今天看来,根本的责任应是"八王之乱",即使元康之放也是由"八王之乱"所引发的。

不过对于大多数渡江名士来说,随着时光的推移,生活的安定,那惨淡的家国之痛犹如阳光下的血迹,渐渐褪色、淡化了。他们渐渐安于江南的丰庶物产和明丽山水,乐不思蜀了。另一方面,虽然地理上有山河之异、天堑之隔,却遮不断那无形的思想之流,元康以来清谈放达的风气随着名士这种"载体",自然而然流向南方,流入东晋一代。用人方面也仍沿袭"西台(西晋)余弊",重虚名而轻实才,先"白望"而后实事。这也并不奇怪,晋元帝司马睿、丞相王导原本就好清谈玄学,王导本人更是名士领袖。惯性的力量,使东晋一代的文化气氛并无根本改变。不过又毕竟有山河之异、偏安之局,元康之放在总体上也有所变异,人们更多地追求精神逍遥,粗鄙放肆的纵酒裸体逐渐被"雅人深致"代替。虽然看起来收敛了一些,提升了一步,骨子里却仍然颉颃着儒家的礼法。

正是在这样一种精神气氛中,谢尚、谢奕、谢万传承了谢鲲门风,只是略微有所变异,显得较为"雅化"了。

"小安丰"谢尚

谢尚是谢鲲之子,生于北方,大约二三岁时随父南迁豫章,所以他的一生是在江南度过的。

他自幼敏于言辞。父亲时为大将军长史,家中不免高朋满座。有一次一位名士当众夸奖他像孔夫子的第一高足颜回,谢尚应声说道:"这里没有孔子,哪来颜回!"这句带有调侃意味的回答,虽略含嘲戏,却赢得客人们的喝彩。那是一个看重语言机警有味的时代,一句恰如其分的俏皮话,一个无伤大雅的幽默或挖苦,一个简要而充满机锋的隽语,往往会赢得一个名士头衔,甚至一顶乌纱。

渐趋风雅

浸渍在名士群中,谢尚年少时就对清谈感兴趣,常常去拜访大名士殷浩,向他请教玄理。殷浩十分善于玄言,为当时风流谈客所宗。谢尚对他一向很推崇,用他的出处行止预卜江左兴亡,曾说:"殷浩不起,当于苍生何!"后来谢尚自己也成了清谈能手,经常与王导等名士兼达官清言。他还写过一篇《谈赋》,现在只留下四句,描写清谈的情状:"斐斐亹亹(音伟)亹,若有若无。理远旨邈,辞简心虚。"意思是说:清谈时文采斐然,娓娓不绝,其内容似乎实实在在,易于把握;又似乎缥缥缈缈,难以捕捉。理趣是多么玄妙,意味是多么深远,语言是多么简约,心怀是多么虚静啊!

谢尚长大了,出落成一个风神楚楚的青年,一个潇洒不羁的名士。时人评他的风格是"清易令达""率易挺达""清畅似达",这些评语的具体含义很难确指,但却都带有一个"达"字,承袭了乃父的放达之风。他仪容既美,又好修饰,常常穿一条绣有花纹的套裤,更显得风流佻达,与众不同。据《世说新语·品藻篇》记载,有个名叫宋祎的女子,姿色艳美,善于吹笛，原是王敦的小妾，后来归于谢尚。谢尚曾经问她："你看我比王敦如何？"宋祎说："王敦与你相比，犹如乡下佬比贵公子。"《世说新语》接着解释说："因为谢尚妖冶。"这个故事未必可信，但谢尚"妖冶"大概是无疑的。

谢尚多才多艺，尤擅音乐，精通数种乐器，能够边弹边唱。有一次桓温请他弹筝，他理好弦，调好音，眼望窗外高远的天际，时已深秋，只见寒雁南归，树叶飘零，他想到流光迫人，岁月易逝，便弹出一曲《秋风》，并随口唱道："秋风意殊迫！……"

谢尚还善跳《鸲鹆舞》。鸲鹆即八哥。这种舞蹈摹拟八哥的动作并加以艺术化，原是民间的创造，起初流行于洛阳市井的酒坊茶肆，也为好奇尚异的名士们欣赏。丞相王导有一次设宴待客，邀请谢尚为客人表演此舞助兴。谢尚也不推辞，换了衣帽，当众翩翩起舞。王导请客人为之拍掌击节。只见他随着节拍，忽起忽伏，忽低忽昂，忽如凌空飞翔于云端，忽如暂憩于丛林梢头，忽又如乍惊而迟疑顾望。真是意气洋洋，旁若无人。王导心为之动，神为之凝，若有所思，自言自语道："真令人想起安丰呀！""安丰"即王戎，是王导的族兄、王衍的堂兄，"竹林七贤"之一，入晋后封安丰侯。谢鲲可与竹林七贤"把臂入林"，谢尚号称"小安丰"，父子承传的一脉，不难捕捉。接着王导把他聘为自己的掾属，从此步入仕途，年约二十二三岁。

谢尚在为王导僚属期间，对情、礼关系说过一段很可注意的话。西晋末期的动乱丧亡提出一个礼制方面的现实问题：有的人与父母乖离，父母存亡莫卜，是否可以结婚？是否可以做官？多数议者认为做官理政事，婚姻继百世，无伤事理。谢尚则从"情"的角度看待这个问题，他认为

"典礼之兴，皆因循情理"，即各种典章制度都是根据人情制定的。婚姻继往开来，是孝之大者，不可禁绝。但与父母乖绝，创深巨痛，哀莫大焉。方寸既乱，岂能综理政务？所以纯孝之人是不会冒荣苟进的，当局也不应强征这种人做官。

谢尚的看法正确与否姑置不论，但可以看出：在情、礼冲突中他已不完全否定礼，如同阮籍、"八达"那样纵情悖礼，而要调和情礼关系。然而礼须服从于情，以礼循情，而不是以情殉礼。这代表当时名士的心态，是谢氏子弟长久遵从的一条原则，即扬情抑礼。谢尚虽然放诞，但已不像谢鲲那样过分放纵，而更偏向精神上的逍遥与"雅化"，深层的思想原因便在于此。传统往往在稳定中有所变异，一成不变的传统是不存在的。

从名士到将军

谢尚这种"妖冶"而风雅的纨绔名士，孰料竟与"将军"结下不解之缘！他几乎终生为将，头衔屡换，越换越高，在战场上有胜有败，虽无殊勋，也不算一无建树。

倘说谢尚以名士入仕途得力于王导，那他以一介文官到坐镇一方的干城似乎得力于外甥女蒜子。蒜子先为琅邪王司马岳妃。司马岳后来即位为晋康帝，蒜子被册立为皇后。康帝死，其子司马聃即位为穆帝，年仅两岁，蒜子为皇太后垂帘听政。作为国舅，谢尚无疑从蒜子那里得到许多"关照"。

谢尚先由丞相王导掾属起家后，又做过其他几任文职官员。成帝咸康五年(339 年)七月，王导病故。八月，改丞相为司徒。十二月，由蒜子的丈夫司马岳出任司徒。大约翌年,谢尚便被任为建武将军、历阳(今安徽和县)太守,负责三个郡的军事。从此谢尚便由名士成为将军,时年33岁。

谢尚似乎没让人失望,至少与当时的一些草包将军相比是如此。他虽为名士根底,到军内却无多少浮诞之气;他虽为皇亲国戚,也没露出什么骄矜之习。他似乎很知兵者是重器,军中无儿戏。当时,安西将军庾翼正镇守武昌重地。庾翼也是皇亲国戚,年轻,有才干,思进取,善治军,谢尚常去向他咨询军事。有一次正遇上庾翼在练习骑射,见谢尚光临,便递过弓箭,说:"怎么样,谢将军,试试看,你若能一发中的,我甘愿奉赠一部鼓吹。""鼓吹"即军乐队。

谢尚说:"一言为定。"于是引弓搭箭,稍加瞄准,只听"嗖"的一声,箭靶应声而中。庾翼气盛而重实干,一向藐视那些摇唇鼓舌的谈客和华而不实的名士,时常对人说:"此辈唯宜束之高阁,等天下太平后再谈任用问题。"他请谢尚射箭,分明也有一试他武功如何之意,不料谢尚文武兼资,轻而易举赢得了一部鼓吹。

谢尚入军,竟一改往常的风流习气。他本讲排场,重衣饰,现在却颇为清简。上任之前,郡府耗费四十匹好布为他准备了一顶乌布帐。谢尚一见,立即下令拆毁,为军士做衣服,故甚得官兵的拥戴。

建元元年(343年),晋康帝司马岳即位,蒜子成为皇后。二年,朝廷下诏表彰谢尚,并擢为南中郎将,其他官职照旧。不久,诏令他都督四个郡的军事,兼江州刺史。又过不久,转为西中郎将、都督六郡军事、豫州刺史,镇守牛渚。这一切都发生在同一年内,谢尚一下子连升三级。不难想见,这里有贵为皇后的外甥女蒜子之功。

牛渚西江夜

牛渚在今安徽当涂，又名采石，据说此地曾有金牛出渚，又传曾有僧人在此掘得五彩缤纷之宝石，所以得到这么两个有神奇色彩的名字。它山峰苍翠，形如碧螺。西麓突入长江，名牛渚矶，亦名采石矶。矶高50米，陡峻险峭，风景奇秀，是历来南北兵家必争之地，也是古今诗人骚客流连吟咏之所。

谢尚上任后，立即着手修建了一座城池，南北长10里，东西上3里、下7里，形如半月，俗称"月牙城"，又称"谢公城"，可惜早已倒毁，现在已不见半丝旧痕。牛渚东北的荷包山，据说是当年谢尚练兵之所，现在也已觅不到半根断戟。

谢尚毕竟不失名士本色，军务倥偬之余，常常到牛渚矶来散步、观览、饮酒、赋诗。在一个月白风清的秋夜，他兴之所至，换上便服，携带三五随从，到江中泛舟玩月。只见皓魄当空，银光泻水，茫茫长江，万古如斯，勾起他压抑良久的微妙玄思。忽然，从不远处的一只小船中，传出抑扬清越的吟咏声。侧耳细听，原来是一首诗：

> 无名困蝼蚁，有名世所疑。
>
> 中庸难为体，狂狷不及时……

这首诗他从未读过，显然是感叹世路艰难进退失据的：没有名声，会像蝼蚁那样为人轻贱而处境艰难；有了名声，又会为人猜忌而遭到不测。中庸之道难以把握，趋于极端去为狂为狷吧，也不会投合时风众会……看来作者是有头脑有抱负因而也有不平有牢骚的，诗句亦清拔不凡，非浮泛虚华之作。他忙派人前去询问，原来诵诗者名叫袁宏，落魄江湖，以运租为生。刚才所吟，是他新作的《咏史诗》。谢尚把他请到船上，二人一见倾心，一直谈到凌晨。从此袁宏的名声大振。永和四年（348年），谢尚进位安西将军，又引袁宏为参军。后来袁宏官至东阳太守，文学上也很有成绩，共有文集20卷及其他专著传世。

这个以诗会友礼贤下士的故事，为后世无数失志文人所向往。李白在漫游期间曾夜泊牛渚，想起这段千古佳话，即兴吟了一首怀古诗：

> 牛渚西江夜，青天无片云。
>
> 登舟望秋月，空忆谢将军。
>
> 余亦能高咏，斯人不可闻！……

一样的秋江牛渚，一样的皓月轻舟，一样的诗才，而谢将军安在哉？他已经永远消失了，一如这滔滔远逝的江水，留下的也只不过是令人怅惘的"空忆"而已。

功与罪

作为将军，谢尚自然要率兵打仗。晋穆帝永和八年（352年）春，扬州刺史殷浩上表请率师北伐，以安西将军谢尚等人为督统，向北推进。

正在此时，北方氐族首领姚襄因败于前秦，归附东晋，投奔谢尚。谢尚折节相见，推诚相待，二人关系颇为融洽。六月，谢尚率姚襄等挥师北上。由于他对后赵降将张遇安抚不周，致使张在这节骨眼儿上据许昌叛晋，加上又有前秦派出的两万援军，结果谢尚在许昌会战中大败，溃不成军,损失15000多人。谢尚本人幸赖姚襄护送,逃归寿阳,不久被司法部门收捕,关进监狱,准备奏请朝廷治罪。如此损兵折将,丧师辱国,按军法当轻则免职,重则杀头。但谢尚有一位守护神,蒜子此时已成为皇太后临朝听政,对自己的亲舅怎好"与庶民同罪"呢?自然从轻发落,只是由安西将军降号为建武将军,其他都真正是"外甥打灯笼——照舅(旧)"了。

不过谢尚有罪也有功,并不完全是靠裙带关系。一是他的部下从北方的魏国巧取了传国玉玺,送入建康,朝廷大喜;二是当年十月,他又派兵收复了许昌。这在蒜子眼中当然是功大于过,厚加赏赐,并委任他戍守石头城,直接保卫京师。

再说殷浩北伐失败后,心有不甘,于第二年十月亲率7万大军再度北上。他虽有"斯人不出,于苍生何"之称,却志大才疏,不善用人,猜忌降将姚襄,使姚襄复又叛晋,并伏击殷浩。殷浩大败,北伐的雄图完全落空。姚襄则趁势占据了盱眙,在那里招兵买马,众至7万。朝廷拿他无法,只得利用谢尚与他的老交情,任命谢尚为前将军,镇守历阳,都督江西淮南诸军事。谢尚到任后果然与姚襄相安无事,井水不犯河水。

谢尚虽无雄才大略,军事上平平而已,却也不像殷浩那样空疏虚妄;他的将军生涯虽有外甥女的护持,毕竟不算太差。看来,即使在两晋那样的社会条件下,单凭虚名、门阀、裙带关系,恐怕也很难在仕途上长久立住脚跟。

《大道曲》

永和十一年(355年),谢尚进号镇西将军,为豫州刺史,镇寿阳,那时他已 48 岁。寿阳是淮南的第一军事重镇,而淮南又是东晋半壁江山赖以维系的支点之一。所以谢尚感到肩上的担子很重,似乎苦不能支。好在北边的主要对手仍是姚襄——他现在据守许昌,二人顾念旧交,仍相安无事。国家的整个军事局面,由雄才大略的桓温支撑着。这样谢尚反而相对较为闲静,他心灵中风流倜傥一面,又在闲静中复萌了。

寿阳是座有名的古城,一度曾为战国时楚国首都,又曾为西汉淮南国的都城,留下不少名胜古迹,如城东有春申君黄歇墓,城北有淮南王刘安墓。离刘安墓不远有个珍珠泉,泉水清澈甘凉,在旁边大声讲话吟啸,便会有无数水泡从泉底冒升,犹如一串串珍珠,传闻刘安曾在这里炼丹。淝水从城西北蜿蜒流过,对岸是起伏的八公山脉。所以这里虽不能说多么秀丽,也毕竟有山有水有古迹,聊可游赏,也可遥想古人。谢尚想古来有隐于朝,有隐于市,现在自己竟有点像隐于军旅!

谢尚在这里做的一件大事是修复雅乐。雅乐是朝廷在各种典礼仪式上使用的音乐。西晋末年胡人入侵,乐工、乐器被掳掠一空。东晋后朝廷虽重置乐官,但钟鼓金石等乐器付之阙如。寿阳地处前线,有些乐工、乐器隐匿民间。谢尚留意搜求,研制乐器。据说江左有钟鼓金石之乐,便是从谢尚开始的。

谢尚入军以后,昔日的音乐爱好已在军务倥偬中搁置多年了。现在虽已年近半百,却又何妨聊发少年狂呢?在一个明媚的春日,他身穿紫罗襦便装,带上几个人来到闹市一座佛国楼上,面对大街,坐上胡床(一种可以折叠的轻便座椅),令人取来琵琶,信手续续弹奏起来,边弹边观赏街上的景致,只见大街两旁的垂柳已回黄转绿,人家庭院中的桃树也已盛开,绯红的花朵探出头来,犹如片片云霞。街上行人熙攘,车马喧嚣,扬起阵阵轻尘。好一派盎然的春意!于是他即兴唱出一首《大道曲》:

> 春阳二三月,柳青桃复红。
>
> 车马不相识,误落黄埃中。

曲调用的是民歌旋律,歌词也清新通俗犹如民谣。当时江南流行的民歌被称为"委巷歌谣",即街头小调之意,很得名士文人的喜爱,后来竞相起而仿作,影响深广,以至于改变了诗坛面貌,流为宫体诗,流为恻艳之体。谢尚此作,可以说得风气之先,后世收入《乐府诗集》。评论家称它虽为四句短章,却写喧杂之况历历在眼前。

当时街上百姓虽驻足倾听,举目观望,却真是"不相识",他们只以为是谁家的纨绔子弟,哪里会想到是镇守一方的高级将领,朝廷的二品命官呢!

谢尚在升平元年(357 年)五月病故,时年五十。接替他为豫州刺史镇守淮南的,是他的堂弟谢奕。

谢奕与谢万

谢奕是谢裒的长子,谢安的大哥。谢安兄弟六人,依次是谢奕、谢据、谢安、谢万、谢石、谢铁。谢据早亡,谢铁曾任永嘉太守。其余奕、安、万、石,《晋书》都有传。

"方外司马"

谢奕放诞不羁,很早就有名于士林。年轻时当县令,有位老人犯法,他竟然逼着老人喝酒作为惩罚,直到大醉仍不罢休,还是少年谢安在旁看着不忍,为之说情,谢奕这才放过。谢奕与酒结下不解之缘,他本人便是酒鬼。

他年轻时与桓温就有深交。桓温雄才大略,气宇不凡,娶晋成帝之女南康公主。永和元年(345 年)为安西将军,镇守长江上游军事重镇荆州,聘请谢奕为自己的司马(军中负责一方面事务并参与军事计划的官员)。谢奕虽与桓温为上下级关系,却仍看作平辈友朋,随随便便,放诞不恭,常穿一身名士衣帽,到桓温处饮酒取乐,全无尊卑上下之礼。桓温了解他的脾气,并不怪罪,每当他做出什么荒唐之举,只是笑笑说:"你老兄真是我的方外司马!""方外"是道家语,意即世外,超越于世俗情欲羁绊之外,出于《庄子·大宗师》篇。所谓"方外司马",也便是无视世俗礼法纵情任性的司马。

谢奕确也如此。《晋书》本传上说他借酒使性,"无复朝廷礼"。有一次与桓温饮酒,桓温酒量不大,已不能再喝。谢奕却酒兴正酣,非要他再干三杯不可。桓温被逼无法,只得转身逃跑,到妻子南康公主那里躲避。南康公主笑道:"活该!你这位大忙人,大将军,一天到晚不着家,要不是有这么一位狂司马,你还知道回来吗?""狂司马"正是对"方外司马"的恰当注脚。谢奕酒瘾未了,是不会善罢甘休的。既然不好到公主闺房去要人,就索性提起酒壶,到大厅随便拉来一个卫兵头目对饮起来,还醉醺醺地说:"跑了一个老兵,又弄来一个老兵,不亦乐乎!"

谢尚病故后,因他在任时政声不错,为民所思,便仍以谢氏继任,于是谢奕出任了安西将军、豫州刺史。但在任上只一年,次年八月便病故了。代替他的是四弟谢万,一个更加任诞的将军。

落拓之性

谢鲲、谢尚虽放达、任诞、风流,却毕竟不乏实才与理智,似乎算不上是"白望";谢奕虽纵酒背礼,希心方外,在将军任内也似乎没出大的差池;真正可以称得上是"白望",以任诞而坏大事者,便是谢万了。

谢万曾品评当时一位名士:"落拓之性,出自门风。"倘把此话看作是他的夫子自道,那是再合适不过了。

谢万比谢安略小,聪慧俊秀,善于炫耀,因而在士林早有声名。不过即使如此,甚至在他出仕之后,名气也远不及正栖迟东山的三哥谢安。当时有"攀安提万"之说,意谓须攀登方能达到谢安的高度,攀登中又可提拉着等而下之的谢万,可知他比谢安差着一大截子呢!谢安深知这位四弟任性浮躁、华而不实,对他很不放心,在他任吴兴太守时,谢安也随之来到郡中。这位一郡之长性喜晚起,贻误政事,谢安常常一大早就来到他的居室,敲击屏风,硬是把他从梦乡唤起。

谢万讲究容止,留意衣饰,喜欢标新立异,头上常佩戴白纶巾,风流潇洒,不同凡俗。他的岳父王述也是一位世家子弟,因在士林知名较迟,故有人说他"痴"。谢万有一次去拜访他,头戴白纶巾,乘着平肩舆(一种由四人抬扛的轻便轿子),不经通报,径直进入前厅,对泰山大人没头没脑地说:"都说你痴,你真的痴吗?"魏晋时名士不很严长幼之礼,有的儿子甚至当面直呼父亲的名字,所以王述并不生气,倒是很欣赏女婿的真率脾气,悠然自得道:"我哪里是痴,我不过大器晚成而已。"

谢万"工言论",善于清谈玄学,精通"四本论"。"四本论"是魏晋名士清谈的重要话题之一,辨析人的才能与品德的关系问题,在这方面共有四种看法,有人认为二者相同,有人认为二者相异,有人认为二者相合,有人认为二者相离,故称"四本论"。有人曾向谢万请教这"四本论",谢万讲得滔滔不绝,头头是道,颇为精彩,可见他"工言论"之一斑。

东晋前期,不少人对西晋覆亡、北方沦陷痛定思痛,提出"清谈误国"之论,对元康以来玄虚浮华之风嫉之若仇,口诛笔伐,反映出时代思潮的演化。不过此风并未刹住,朝野仍是崇尚浮竞,标榜玄虚,以遵行礼法为俗不可耐,以纵放任诞为清高出尘。谢万所以能得到任用,除父兄辈的余荫外,与此风也大有关系。东晋时好用名士者有会稽王司马昱,因为他本人就长于玄言。公元345年他一当上丞相,就立即辟置谢万等名士为僚属。于是谢万走马上任了:头戴白纶巾,身穿鹤氅裘,足登木底鞋,与司马昱相见不谈政事谈玄虚,且整整清谈了一天。当时谢万二十四五岁。司马昱后来成为皇帝,即晋简文帝。这样的人做皇帝,"天下事,可知矣"。

《八贤论》

谢万有文才,善写作,曾著《八贤论》,现已不存,只知文中评论比较了渔父、屈原、季主、贾谊、楚老、龚胜、孙登、嵇康八位古人,称为"八贤"。其中渔父、季主、楚老、孙登是隐者、遁世者,屈原、贾谊、龚胜、嵇康是显者、入世者。

渔父与屈原是一个对照:屈原是楚国三闾大夫,忠君忧国,被谗放逐,投江而死。他在行吟泽畔时曾遇到隐者渔父,渔父劝他与世推移,同流合污,混迹人间,以避灾全生。

季主与贾谊是一个对照:贾谊少年得志,为西汉太中大夫,关心时弊,锐意改革,为元老重臣所不容,出贬长沙,抑郁而死。季主是长安市上的卜者,贾谊曾去拜访他,他发挥了一通"势高益危"、伴君如伴虎的危言,以为警戒。

楚老与龚胜是一个对照:龚胜是西汉楚人,在朝廷为谏议大夫,直言谠论,不避权贵,屡陈民生疾苦,盗贼滋生,官吏枉法。后因不满王莽专权,告老还乡。王莽篡位,征召他入朝做官,他执意不从,绝食十四日而死。有位不知名的楚国父老前来吊唁,痛哭道:"香草因芬芳而被点燃,灯油因发光而被烧尽,龚胜因执着而未尽天年,虽可痛惜,而非我辈忘世隐遁中人!"

孙登与嵇康是一个对照:嵇康是曹魏中散大夫,因对抗司马氏而被杀害。生前他曾采药苏门山中,遇到以砍柴为生的隐士孙登,孙登沉默不言,临别才说:"你为人性格刚烈,才高识寡,恐难免于当今之世。"

总之,以上四位显者都不得善终,四位隐者却得尽天年。谢万由此得出了一个结论:隐者为优,显者为劣。

谢万的这个结论是从严酷的、血腥的历史事实中得出的,也是"八王之乱"以来刀光剑影的现实生活投下的阴影。与谢鲲的《元化论序》一样,都透露出他们对老庄思想的服膺,与对隐居遁世生活的向往。不过这只是他们深层心理结构的一个侧面。

谢万曾将这篇得意之作请名士孙绰过目。孙绰与他意见相左,认为只要精神上逍遥超越,体悟皈依庄老之道,那么"隐"与"显""处"与"出"

将殊途而同归。这原是一对矛盾,为了调和解决这对矛盾,孙绰提出一种生活态度与行为方式:"居官无官官之事,处事无事事之心。"虽然做官而不理政务,看似做事而漫不经心,这便是所谓"朝隐"。

谢万与孙绰往复辩论多次,他似乎固守己见,其实他实践的正是孙绰的名言:"居官无官官之事。"他像谢鲲及其他谢氏子弟一样,无论对"隐"多么神往,对隐者多么崇奉,都不可能与官场一刀两断,不顾家族门第的兴旺延续,弃置贵介子弟的优越生活,去憔悴山林,贫贱肆志。谢万的落拓之性,以及他对公务的漫不经心,毫不尽职,都可以在此得到解释。

向往隐逸而又不能不做官,这是谢万深层心理结构的另一个侧面。将两个侧面合而观之,谢万显然保持着自谢鲲以来形成的"官—隐"、"魏阙—山林"的家族传统文化心理结构模式。

这种心理结构又注定他爱好山水自然。大书法家王羲之曾经评他:"在林泽中,为自道上。"这与大画家顾恺之评谢鲲"此子宜置丘壑中",有异曲同声之妙。两句相似乃尔的评语,透出叔侄两代精神风貌的乃尔相似!

也正因如此,谢万写出一些不错的山水诗文,作为他精神的补偿与寄托,如《春游赋》:

> 抚鸣琴而怀古,登修台而乐春。尔乃碧岩增邃,灌木结阴,轻云晻暧以幂岫,和风清泠而启衿……

对春景的描写无疑是生动的,对山水的爱心也无疑是真诚的。

不出所料的败北将军

谢万的特点是疏狂。这种人物不当将军尚可混日,一旦成为将军,并动了真刀实枪,"白望"的面目非原形毕露不可。

谢万不幸果真成为将军。那是公元 358 年 8 月,谢奕病故,豫州刺史出缺。当时桓温正镇守长江上游重镇荆州,拥兵自雄,为朝廷所疑,为了牵制他的力量,仍用了谢氏子弟,以谢万为西中郎将、豫州刺史,兼领淮南太守。豫州是东晋的军事重镇,谢氏三兄弟蝉联镇守,可知朝廷对他们的信赖。豫州,被看作谢家的发迹之地。

王羲之此前已辞官闲居,不过仍很关心国事。他当即给桓温写信指出用人之不当,以谢万的才学与为人,做个从容讽议的朝廷官员也许适宜,现在违背他放浪不羁的天性去统帅大军,恐用非其人。桓温处于见疑地位,不便讲话。王羲之与谢万本是好友,不忍冷眼旁观,便又写信规劝他在军中不可任性放达,应与将士同甘共苦,饮食起居,务求俭朴。这苦口婆心的诚挚之言,谢万当成了耳旁风。

当时还有不少人看出用人不当,难免误事。谢安虽未出仕,却看得比谁都清楚,尤为不安。

谢万上任的翌年,即升平三年(359 年)冬十月,奉命与北中郎将郗昙分两路,北伐前燕。即使承担了如此重大的军事重任,干系到千万将士的身家性命,他仍视若儿戏,不改平时风流任诞的名士习气,态度矜持高傲,整日饮酒吟啸,不把军务放在心头,更不抚慰鼓励官兵。谢安听说,托人捎信给谢万千叮万嘱说:"你今日身为将领,受命北征,事关国家兴衰,将士生命,务应慰勉将士,他们才乐于听命。否则一味诞傲,怎能服众心,怎能打胜仗!"

谢万对这位三哥的话倒是向来听从,立即把诸将召集起来,但他一不分析军事形势,二不部署作战任务,三不慰勉各级军官,只是把铁如意轻轻一挥说:"诸位都是强兵劲卒,勇敢善战!"说罢散去。大凡军中将领最忌讳称之为"兵卒"之类,听他如此称呼,心中益发不满了。

谢万率军从下蔡(今安徽凤台)出发北上,打算增援已收复洛阳的桓温部队。同时郗昙也从高平(今山东巨野)北进,大军正一路顺利之际,郗昙突然病倒,只得命将士暂时退居彭城(今江苏徐州)休整。谢万得知东路军撤退,误以为已被燕军战败,也仓惶下令退兵。这一退竟至不可收拾,全军溃散。诸将对谢万本就不满,现在更加不听指挥,各自引兵而去。谢万一败涂地,也顾不上平素的从容风雅,单骑逃归。燕军趁势大举反攻,许多本已被桓温收复的失地重新沦陷。

这次惨败的责任,显然全在谢万本人。因而回朝以后,他被废为平民,两年之后便病故了。

在三个任诞将军生活与任职期间,朝廷上执政的依次是王导、何充、庾冰、会稽王司马昱、桓温,这些人都出身于世家大族,又都是清谈名士,政治环境并没有根本的改变,所以不管他们如何放诞任达,都仕途顺利,即使损兵折将、丧师辱国,也仍得善终甚至重用。谢万虽一度被废为平民,但不久复被起用为散骑常侍,仍为朝廷高官。东晋末期以后,当寒人势力兴起,他们的后世子弟却往往动辄得咎,更有不少人被杀,与此时士族子弟的遭遇显然不同。政治气候如何左右着人的命运,影响着人的心态,于此可见一斑。

新出门户

至公元 4 世纪中叶,谢鲲的子侄辈大都陆续登上政治舞台,除三位任诞将军外,谢石、谢铁也已出仕,从容不迫的只有谢安。谢氏的门户比西晋时兴旺了许多。他们犹如暴发户那样在任诞风流的时风众会中兴起,但渊源既不深远,势力也不够显赫,有时仍不免为人所轻。

谢安的父亲谢裒曾为第五个儿子谢石向诸葛恢的女儿求婚,尽管谢裒已经做到吏部尚书的显位,却仍遭到诸葛恢的拒绝。诸葛氏在汉魏时即已功业赫赫,谢氏显然不能门当户对。

谢安有一次与谢万外出经过吴郡,谢万提议顺便去拜访琅邪王氏子弟王恬。谢安深知不会受到礼遇,坚不肯往,以免自讨无趣。谢万无法,只得独自前去。王恬陪谢万在厅中略坐片刻,便起身走入室内。谢万心中暗喜,以为王恬将厚加款待,谁知等了良久,王恬才披头散发而出,原来他刚刚洗过了头。见到谢万尚未离去,他也不打招呼,只是坐在阳光下晒头发,态度高傲,全无招待的意思,谢万只得尴尬告别。王氏自西晋以来便是头号世族,哪里把谢氏放在眼中。

还有一次,名士阮裕来拜访谢安,恰巧谢万也在座,他一向随随便便,当着客人面向谢安索取便器准备小便。阮裕见他毫无大户人家的修养,当场轻蔑地说:"真是新出门户,傲慢无礼!"阮氏在汉末建安时期便已闻名,故称谢氏为"新出门户"。所以此时的谢家,虽然"新出",但也毕竟算得上一个"门户"了;虽是"门户",却又毕竟"新出"。

一直到谢安东山高卧而起,并建立了不世之勋,成为风流宰相以后,这种为人所轻的局面才完全改观,王谢家族也才齐名于世。

第三章　风流宰相

俭常谓人曰:"江左风流宰相,唯有谢安。"

——《南齐书·王俭传》

时   间:东晋中期,约公元 360 年(谢安出山)—388 年(谢玄死)。

主要人物:谢安,谢玄。

谢安是在家族传统中影响巨大的权威人物,在后世子孙心目中有着异乎寻常的才能、美德和功绩,是他们的光荣与骄傲,是他们永远仰慕、难以企及的高标与仪型。

谢安并不是谢氏家风的开启者,但却把这种家风发挥到最理想的程度,进一步确证了那种"官—隐"、"魏阙—山林"的生活模式,即谢灵运所说的"世模"。在他一生中,隐逸与仕宦大致各有 20 余年光景。他隐就隐得潇洒,仕就仕得显赫;隐时是风流名士,仕时是风流宰相,可谓一生风流;隐时并未忘情天下,仕时也未忘情山水。他既追求个人的精神自由,又不推卸应尽的社会责任,在国家危难之秋挺身而出,与只要个人自由而不承担社会责任的谢万不同;同时,又在履行社会责任时仍尽量满足个人精神自由。由于他的长才与殊勋,把谢氏家族推向最荣耀的地位。在他的时代,任何家族与谢氏相比都相形见绌。

他长久盘桓的东山和建立殊勋的淝水,可以说是谢氏家族的两个象征性符号,一个象征着逍遥与精神自由,一个象征着功业与社会责任,如同两座丰碑,耸立在谢家子弟记忆之中,借以支撑和延续着谢氏家风。谢灵运有些诗文,可以显见对这两座丰碑的记忆与神往,实是谢氏子弟共同的心声与仰慕之情。

甚至在整个历史上,谢安及其行迹也带有一定的仪型性质,并赋予了传奇色彩。天才浪漫的李白最仰慕他,把他的行状看作最理想的人生。"但用东山谢安石,为君谈笑靖胡沙""暂因苍生起,谈笑安黎元",李白这些诗句既是对他的歌颂,也是诗人自己的最高理想。可以看出,在诗人笔下,谢安已带上传奇和浪漫色彩——在轻松的"谈笑"中轻易破敌。

东山逍遥游

谢安迟迟不肯出山。当他的兄长甚至弟弟们都一个个踏上仕途，又退出仕途，有的甚至永远退出人生舞台之时，他还从容逍遥于山光水色之间，一任青春韶华匆匆溜过。这位谢氏家族最重要的人物，这位在东晋以至于整个古代史上的第一流人物，对于当时的政治舞台来说，真是姗姗其来迟。

斯人不出，如苍生何

"大道如青天，我独不得出"，这是李白的诗句，李白的叹息，对于谢安可绝不如此，官场的大门对他大大敞开着，只要他肯迈出一步就行，就像我们现在只要买了门票，便可随意迈进电影院或体育场一样。不，他根本用不着买什么门票，倒是官场主动向他频频招手，甚至硬是要把他强行拉入。

拾官对他真是如拾草芥。还在他 20 岁左右的时候，司徒府便要征他为掾属，他声称自己体弱多病，推辞掉了。不久，扬州刺史庾冰看中了他，三番五次派人前来请他出仕。庾冰当时正在执政，又是皇亲国戚，谢安无法，只得赴任，但仅敷衍了一个多月，又不知找了个什么借口辞职归山了。朝廷并不让他安生，紧接着又召他为尚书郎及会稽王司马昱的僚友，他直截了当拒绝了。大约在他二十七八岁时，当时的吏部尚书举荐他为吏部郎。吏部是主管人才选拔和官员升迁的机要部门，吏部郎是吏部尚书手下最有实权的官职，他对这个肥缺也毫不动心，写了封短信陈述自己的不能胜任以及隐遁不仕的决心,便把此事轻易打发了。

谢安既然如此不识抬举,再三再四不服从征召,无视朝廷和权贵们的好意,敬酒不吃只好让他吃罚酒,朝廷宣布他被"禁锢终身",即终生不再录用,永无出头露面之日。与他同时被禁锢终身的,还有那位讥笑谢氏是新出门户的阮裕,也是一位纵情山水屡征不至的名士。即使如此,谢安并不屑意,觉得从此倒省却麻烦,便铁了心,索性回到故居会稽(治所在今浙东绍兴),也许真的打算此生永与山林鱼鸟为伍了。有时他独自来到深山,坐在一块草木掩映流水环绕的山岩上,远离喧嚣的尘俗,静听溪水淙淙,鸟鸣嘤嘤,树叶喁喁,不禁悠然遐思,想起远古那位轻辞王位的高尚隐者伯夷,自言自语道:"此情此境,离伯夷何远之有!"

于是,在当时士林中便流传着一个口头语,在历史上便留下一个为文人墨客乐于使用的典故:"谢安不肯出,将如苍生何!"

真名士,自风流

达官贵人对谢安如此垂青,士林对谢安如此厚望,圣恩对谢安如此眷顾,除因谢家逐渐成为一个颇有声望不可小觑的"门户"之外,更因为他是一个名重当世的人物。东晋用人仍承西晋余弊,喜欢任用名士。谢安越是不出,在士林的名声便越高。这个过程其实就是"养望"的过程。不管他内心想法到底如何,客观效果无疑如此。当年殷浩未仕之时,也有"其人不出如苍生何"的重望,出仕之后却一塌糊涂。至于谢安是否也是"白望",盛名之下其实如何,则只有时间才能答复。

谢安风流犹如其堂兄谢尚。他字安石,是谢裒的第三子,谢鲲的侄儿。出生时东晋小朝廷已建立三年,所以他是生于江南,长于江南,也终老于江南。东晋的士风比西晋有所变化,从露骨的放纵任诞转向精神上的逍遥自适,表面上不去公然无忌冒犯"礼"和践踏"礼",骨子里仍对"礼"漠然无视。这其实是一种更高层次的放达,只不过内向化、文雅化了。谢安便是这种士风的典型代表。后世有人说他也是一个任诞者,不是没有道理的。

东汉时评论人物重"骨相",魏晋时评论人物重"风神"。据说当谢安还是一个4岁的小娃娃时,有位名士便叹赏他"风神秀彻"。长大以后,人们说他"神识沉敏,风宇条畅""风神调畅",这些评语都指那种聪慧、优雅的精神面貌与气质,即书法家王献之对他的评语:"潇洒。""潇洒"之语,就是由此而来。今人不是喜欢标榜"潇洒"吗? 谢安可以说是"潇洒"的鼻祖。今人不是好说"潇洒走一回"吗? 其实谢安的一生,才真的称得上"潇洒走一回"呢。此是后话。如果说这些评语仍嫌抽象,那么有两个小故事可以令人想见他罕见的风采。谢安后来在桓温手下任职,二人一见倾心,清言良久。谢安走后,桓温若有所失,面色惆怅,对左右僚属说:"诸位可曾见过天底下有这等人物吗?"谢安改任其他官职以后,有一次听说桓温生病,便去看望这位昔日的老上司,还未进门,桓温已从窗口看到他的身影,对身边的人感叹说:"我这里许久没见到如此出众的人物了!"雄豪如桓温者对他的风度如此倾倒,他人就可想而知了。

谢安像谢尚一样多才多艺。他一生酷好音乐,善于弹琴。他经常使用的一把鸣琴至少保留到齐代。据《梁书·柳恽传》记载,有一次齐竟陵王萧子良在后花园宴请文士,拿出一把谢安用过的鸣琴请柳恽演奏一曲。谢安也曾在宴会上跳舞为人助兴,就像堂兄谢尚为人跳《鸲鹆舞》一样。他善行书,被大书法家王羲之称为"解书者"。他是鉴赏绘画的行家,十分赏识当时大画家顾恺之的画卷,说是自有苍生以来所无。

　　谢安在士林中的名气越来越大,人们爱慕崇拜他的倜傥风姿,甚至东施效颦,处处模拟他的举止行为。他有位同乡原为县令,后被免官,囊中羞涩,缺少回家的盘缠,只有五万把派不上用场换不来钞票的蒲葵扇。谢安从中随意拿了一把,与人谈论时总执于手中,甚为潇洒,于是士人们争相购买,这位老乡不仅解了燃眉之急,还发了一笔小财。

　　连谢安生理上的毛病也成为令人羡慕的优点。他原籍在现在的河南省,虽生长在南方,但父祖相传,口耳相染,讲话仍带比较重浊的乡音,加上患有鼻炎,声调就更浊了。据说他用这种声调作"洛下书生咏",听起来有一种特别优雅的风韵。于是士人们竞相效法,无奈尊鼻无恙,发音流畅,难以产生那特殊的味儿,恨不得用手捏着鼻子讲话。

"渔父"的故事

　　谢安很小的时候,人们说他"后当不减王东海"。王东海即王濛,比谢安年长十多岁,容貌标致,行为放达,曾经对镜自赏:"王文开竟生下如此漂亮的儿子!"王文开正是他父亲。他善谈玄理,当时与刘惔(音谈)齐名,共同被推为风流领袖。而刘惔后来成为谢安的妻兄,笃好庄老,放任自然,前面提到过的孙绰那句名言"居官无官官之事,处事无事事之心",就是评论他的行状。

　　当谢安被称为"后当不减王东海"之时,他当然还不知道王濛是何许人。后来长到十八九岁,也成为一个善谈玄理的青年,便登门拜访这位自己所"不减"的人物,二人真是惺惺惜惺惺,开怀畅谈了半天,事后王濛的儿子问:"那位谢安到底比你如何?"王濛说:"后生可畏!"谢安对王濛也很敬佩,对人说:"王濛话虽不多,却句句有味。"

谢安热衷清谈玄学,对当时流行的"清谈误国"论很不以为然,公然为清谈回护开脱,认为西晋的灭亡,其罪不在清谈。有一次他与王羲之一起登临建康的冶城,举目四望,见天水茫茫,不禁悠然思古,有老庄出世之心。王羲之虽也是风流名士,却较为务实,旁敲侧击说:"目下正当天下多事之秋,人人都应踏踏实实为国效力。清谈荒废政务,妨碍大事,恐怕不宜于当今之世吧!"谢安听出他的言外之意,针锋相对反驳说:"秦朝用商鞅之策,实行法治,重赏严刑,实际倒是实际了,只不过二世而亡,难道也是清谈之过?"这个记载有人认为不可靠,但即便如此,也颇符合二人的性格特点和思想倾向。传闻,往往正是根据人的特点生发出来的。

清谈谈的是哲学,直接表达人们的人生观和世界观。谢安当时都谈了些什么,他的系统观点如何,文献不足征,他也无此类专著传世,已无法知道了。不过,从"渔父"的故事中,尚能略知一二。有一天,谢安及名士许询、名僧支遁相聚于王濛家,谢安提议:"诸位都是当今名士,今日相聚,真是一个难得的好机会,何不清谈一番,以抒怀抱呢?"许询请主人拿出《庄子》一书,随意翻开,正是《渔父》一篇。谢安看了题目,不用说都是在座了如指掌的,便请各位轮流诠释发挥一通。支遁首先讲了七八百字,析理精到,词藻华美,大家都叫好。其他人也各各讲了一通,最后轮到谢安。他大约讲了万把字,不但见解透辟,机锋时出,而且完全沉浸到书的境界中去,似乎自己已化作渔父,神情萧散,悠然自得,使在座者得到一种精神满足。

谢安显然对《庄子·渔父》独有慧解,别有会心,我们不妨以此为小小窗口,窥探他心灵深层的隐秘。渔父是庄子虚构的人物,渔父的故事是庄子杜撰的寓言,用以寄托阐发他的遁世思想。故事大意是说:孔子与弟子们来到一片小树林,弟子读书,孔子弹琴。这时一位渔父从船上走来,只见他须发斑白,披发挽袖,在近处站定,一只手按住膝盖,另一只手支着下巴,侧耳倾听,若有所感。曲终,他问孔子是何许人,做何种事。弟子回答说孔子是鲁国的君子,他将推行忠信仁义礼乐,以利国利民。渔父返身而去,莞尔而笑道:"我恐怕他将徒然苦心劳形,而伤害了他的'真'!"孔子听见此话,知他并非凡俗之辈,立即追赶上去,请教什么是"真"。渔父告诉他:"真"就是情之所钟,诚之所至。勉强的哭,勉强的笑,勉强的愤怒,勉强的亲昵,都不是"真",也都不能感人。"真"与"礼"是不能并立的,因为"礼"出于世俗的造做,"真"则出于天然,所以圣人"法天贵真,不拘于俗"。

渔父是道家人物的化身,他的话表达的是庄子本人的思想。他说的"真"就是真性情,真性情是自然而然、天然合理的,不受礼法等外在规范的拘挛,自由而逍遥。

谢安一生服膺这个"真"。此时不出,自然是要在逍遥任性中保持自己的"真";他日出仕,也力求不失却这个"真"。

圣人有情论

由此进而讲到"圣人有情论"。

圣人,也就是历史上那些传为至高无上的人物,是有情的,还是无情的呢?这是魏晋名士们所经常争论的话题,其实也是被情礼冲突所逼出来的问题。早在三国曹魏正始年间,何晏就认为圣人没有喜怒哀乐,即无情。王弼提出反驳，认为圣人不同于众人之处，是有着高明的理性；而同于众人之处，是一样有喜怒哀乐的感情。正因为圣人是有情的，他才能够体察一般人的心情，与之共感并加以引导；正因为圣人又有着高明超越的理性，他虽有情却不会为情所牵累。在这一点上，王弼与先秦原始道家思想不尽一致。老庄认为圣人超越了情，喜怒哀乐不入于胸次。所以说魏晋玄学虽以道家思想为依归，但又不完全等同于原始道家。

"圣人有情论"为任情、纵情提供了理论依据，嵇康、阮籍等人正是以这种理论来对抗拘禁情感的礼法。嵇康虽未正面讲圣人是否有情，但他主张"触情而行"，认为"有生则有情，称情则自然"，放任情性是天经地义合乎自然的。西晋名士也接过"圣人有情论"，或略加改造。王衍（一说是王戎）曾经说过一段很有名的话。他的孩子夭折了，哭得极其伤心，有人劝慰他，说这不过是怀抱中物，何必如此伤感！他说："圣人忘情，最低下的人根本谈不上情，情之所钟，正在我辈！"他虽然也讲圣人无情，但却理直气壮地确认我辈不上不下的名士们最注重情，最专于情。有情，原是值得自豪的事情。

谢安对于这个问题没有流传下什么正面议论，不过他曾讲过"称情而行"，来为自己无所忌讳赏听音乐进行辩解。此也是后话。另外值得注意的是，他曾说："圣贤去人，其间亦迩。"意谓：所谓圣人啊贤人啊，他们与一般人之间的距离其实是很近的，并没有不可逾越的鸿沟。也就是说，圣人同凡人一样有喜怒哀乐等七情六欲。这无疑就是"圣人有情论"的另一种表达方式。

其实人们争论圣人如何如何，有情无情，与己何干！解释历史实际上就是在解释现实，解释圣人实际上就是为自己的思想行为寻找理论依据。谢安是无可争议的主情派,是一个多情善感并放任情感的人。他曾说某人"一往有深情",其实他本人正是如此。东晋士人非常关怀人的生死解脱问题,感伤时光的流逝与生命的消失,他们承袭着长期内乱外患杀戮死丧遗留下的精神重负,在放达逍遥的外表下,内心深处是很悲观低沉的,连看到昔日幼小今已合抱的杨柳都要叹息"树犹如此,人何以堪"。也许放达逍遥正是他们悲观心理的掩饰?

谢安曾对王羲之慨叹道:"人到中年,常常伤于哀乐,每与亲友离别,数日心情都很不好。"王羲之回答:"年纪大了,自然不免如此,正该用丝竹管弦加以排解。"这大概正是他们爱好音乐的内在原因吧。但诚如左思《招隐》诗所说:"何必丝与竹,山水有清音!"那天籁齐鸣的山水清音,比音乐更有慰心的力量。于是他们都一齐把目光投向山水,把身心托付给山水。谢安之不出,大约这也是一个原因,他不能到官场去矫情,去抑情。山水才是他自由自在的天地。

东山的盘桓

恰巧在他面前又有一片旖旎的山水风光。

东西晋之交,衣冠南渡,为了避免与太湖流域原有的江南土著士族发生利益冲突,北来士族大多去开发东土——会稽郡,即现在的浙江绍兴、宁波、舟山等浙东一带。王谢等世家大族都在这里求田问舍,广辟庄园,成为他们的第二故乡。这是南中国风景点最为集中的地区之一,有会稽山、四明山、富春江、浦阳江、曹娥江等佳山丽水,以及层出不穷的重峦叠嶂、激流飞瀑、奇洞幽穴、明湖秀屿,使名士们流连忘返,赞叹不已。

顾恺之有一次来到会稽,回京后向人们描绘说:"那里成百成千的山岩一个比一个美,成千成万的溪水一条比一条清。花草树木覆盖在山坡上,阳光下远远望去,恍如一片片锦云,一匹匹彩霞。"特别是治所山阴(今绍兴)更是一座千古名城,春秋时越王勾践曾在这里卧薪尝胆,越王台、越王寨、越王墓这些名胜,记录着他的踪迹。一座低平的小山人称西施山,令人想起那位绝代佳人。城南的会稽山麓与平原毗接处,一座座山峦跌宕多姿,王献之曾形容说:"在山阴道上行走,山水之美,简直令人应接不暇。"

于是谢安便与王羲之、孙绰、许询、支遁等名士,长久盘桓在这里的山光水色之中。

王羲之当时正任会稽内史,他虽较为务实,其实也濡染于老庄。他以一郡之长的身份,为名士们提供了许多游放之便。后来他索性辞去官职,一心一意游山玩水。孙绰也是世家子弟,曾在会稽游放山水十有余年,并作《遂初赋》《天台山赋》以明志。许询幼称神童,终身不仕,一直隐居在会稽幽究山。他的五言诗当时被称为"妙绝时人",与孙绰齐名,世称"孙许",都是玄言诗的代表。名僧支遁既精佛典,又通老庄,还善写诗作文,在世俗名士中声望极高。这些人聚在一起或寻幽青山,或垂钓水滨,或清谈玄理,或吟咏诗章,王羲之曾得意地说:"我终当快乐而死!"

谢安筑室于四明山西北的东山,在现在的上虞县西南约 45 里处。门前草莱掩映,小路蜿蜒。其峰峦高高耸立在众山之上,形如鸾飞鹤舞。住宅附近有他修建的调马路和两处亭堂,一名"白云",一名"明月"。这些现在当然已不复存在了。

在东山,谢安盘桓了大约 20 年光景。

《与王胡之诗》

此间与谢安过从甚密的,还有王胡之。

王胡之是王羲之的堂兄弟,比谢安大约年长十五六岁。据他在一首诗中说,当谢安少年时,他已戴着隐士的角巾栖息东山了。他在东山时生活一度十分窘乏,竟至无米下锅。有人要送一船米给他,他拒绝说:"我王胡之要是饿得实在不行,自会去找谢安帮忙,用不着别人的米。"可见他与谢安交情之深。

王胡之也是一位风流名士。有一次他在谢安处当众朗吟楚辞诗句:"入不言兮出不辞,乘回风兮载云旗。"随后说:"当我进入这诗的境界,觉四座无人,诸位都不复存在了。"可以想见他那洋洋自得的神气与狂态。他也很赏悦山水之美,后来出任吴兴太守时,曾向人炫耀郡中一个名叫"印渚"的小湖:"这印渚不只能开阔心胸,涤荡忧思,还令人觉得日月星辰是何等清朗!"因此,谢安说他可与林泽中游,成为莫逆之交。在谢安现存寥寥数首诗中,有题为《与王胡之诗》六章,王胡之也有《答谢安诗》八章传世。他在诗中说自己"今也华发",可知作于他的晚年。王胡之死于公元 349 年,不到 50 岁,谢安时年 30,还远未踏上仕途呢。因此,从诗中可以窥见他出仕前的另一种心态。如第一章:

> 鲜冰玉凝,遇阳则消;
>
> 素雪珠丽,洁不崇朝。
>
> 膏以朗煎,兰由芳凋。
>
> 哲人悟之,和任不摽。
>
> 外不寄傲,内润琼瑶。

> 如彼潜鸿，拂羽云霄。

意思是说：新鲜的冰块凝结如玉，但遇到阳光便会消融；素净的白雪美丽如珠，但光洁也不会持续整个早晨。灯油因为能够放光而被燃尽，兰草由于芳香而被采撷凋残。智者懂得这些道理，便随和任达而不自我标榜。外表不显出高傲矜持，内心圆润如同琼瑶。就像那深藏不露的鸿鸟，在高远的云霄轻拂羽毛。

　　前六句的比喻和后六句的本意表达同一思想，即庄子所说的人常因有才、露才而被杀戮；一个聪明人应当随波逐流，混迹人间，敛光韬晦，含而不露，高举远引犹如鸿鹄。显然这是对政治斗争的恐惧与退避，是谢安不肯出仕的另一原因。

　　退避到何处去呢？山水、音乐、酒、玄理。请看第六章：

> 朝乐朗日，啸歌丘林；
> 夕玩望舒，入室鸣琴。
> 五弦清激，南风披襟；
> 醇醪淬虑，微言洗心。

意谓：早晨愉悦那明朗阳光，在山林中吟啸放歌；晚上玩赏那晴空皓月，回到室中弹琴琤珫。琴声清丽而又激越，一任薰风吹拂衣裳。再饮上一杯美酒吧，它能浇灭满腔忧思；再温习一下微妙的玄理吧，来洗涤心中的感伤。

　　既然如此，他自然不愿离开东山这片乐土。

亲情之娱与不言之教

　　谢安的岁月在朝暾夕岚中静静流逝着，流走了他全部青春年华。他亲眼看着子侄们一个个长大了，从褓袱中的幼儿长成葱俊的少年，又长成风神飒爽的弱冠青年。他怀着舐犊深情注目着这些小儿辈，这些家族的新生代。那温馨真纯的亲情之乐，成为他栖隐生活的又一慰藉。

芝兰玉树

　　《晋书》本传上说他"处家常以仪范训子弟"。所谓"仪范"，指儒家讲究的那些礼仪和规范。不过，我们却一点也找不到他这样"训子弟"的事例。像当时的许多玄学名士一样，他并不看重长幼上下之礼，对子侄们态度随和，从不苛责，还常常像平辈那样与他们说说笑笑。他决不是《红楼梦》中贾政式的人物，儒家的繁文缛礼与他无缘。子侄们也愿意聚拢在他周围，觉得他有无穷的魅力，在他面前可以无拘无束。

　　谢安惧内，很想讨一个小妾，但又深知夫人刘氏之妒，不敢开口。侄子们看出他的难处，为他不平，打算开导开导婶娘。有一天他们拿着一部《诗经》对刘氏说："婶娘记得《诗经》上《关雎》那首诗吗？"

　　刘氏是聪明人，脑子略微一转，立即猜出他们的来意，却故意问："记得又怎么样？"

　　一个侄儿说："《诗序》上说，《关雎》不嫉妒，乐得淑女以配君子，而无伤善之心。"

　　刘氏问："《诗序》是谁作的？"

"周公。"

刘氏杏眼一瞪，说："混账！要是《诗序》是周姥作的，能讲出这种话吗？"

侄儿们笑着一哄而散，刘氏找到谢安出气："你把孩子们惯成什么样子，全不懂得规矩！怎么从没见过你管教他们？"

谢安笑道："我其实也是常教孩子们的。"

刘氏确也冤枉了谢安。他的兄弟们都在外做官，他是很关注子侄辈的。不过他行的是《老子》所谓"不言之教"，经常带他们游观山水，与他们谈玄说理，赏诗品文，以他的名士行为作示范，有时也略加点拨，从不板起面孔正面说教，却在这"不言之教"中传递着家风。

有一次子侄们在家中聚会，谢安忽然向他们提出一个问题："人生如梦，一死便一了百了，子侄们将来好坏与我何干，可我为什么偏偏盼望他们好呢？"

这个问题看似简单，其实并不易回答。讲不好，或者流于阿谀奉迎，或者显得俗不可耐，或者过分坐实而了无情趣。大家沉默着。

侄儿谢玄先发言："好比那芳洁的芝兰玉树，都愿它们生长在门庭阶除两旁。"

谢安略一颔首，他挺欣赏这个回答。好一个芝兰玉树！这比况虽不很坐实，但眼前又显现出一种分明可见的意境：华美的门庭，素洁的台阶，两旁是挺拔而又婀娜芬芳的珍木异草，多么潇洒脱俗的丰姿与风神！在当时极重门阀的氛围中，企求佳子弟是士人的一般心理，谢安也不能免俗。他当然也期望子侄们为官为宦，仕途顺遂，延续祖祚，光耀门楣，不过他们还应具有风流名士的气质，而不要沦为名缰利锁拘挛的俗物。

清人俞正燮在《癸巳存稿》中，曾对谢安这里所说的"子侄好坏与我何干"加以攻讦，说是惨忍刻薄，连子侄的命运都不关心，更何以处君臣朋友，是老庄道教的糟粕。这也未免责人太苛。不过他说这是老庄思想的表现，倒也说对了。对一切都超然，正是老庄的生活态度。不过谢安又不能完全超然，否则他又为什么企盼佳子弟呢？力求超脱而又不能完全超脱，终究不能不食人间烟火，正是魏晋名士的矛盾心态。

封、胡、羯、末

谢安的子侄将近20人，在他出仕前夕，最大的已经二十出头，小的恐怕也不下十岁了。士林中有"封、胡、羯、末"之称，认为这四人是谢氏的最佳子弟。"封"即谢韶，是谢万的儿子，26岁早卒，曾任车骑司马。"胡"即谢朗，谢据之子。"羯"即谢玄，谢奕第三子。"末"即谢琰，小名末婢，是谢安的小儿子，谢安出仕前夕他还不过十四五岁，却已风神俊美，显露出实际才干，只是有点孤高矜持，只与几个有才望的堂叔兄弟交际，跟其他人很少来往。

谢安最疼爱的是谢朗，这一来因为他的父亲亦即谢安的二哥谢据早逝，二来因为谢朗从小体弱多病，显然是受之于谢据，谢安似觉对他有种负疚之感，三来他母亲王绥是一个很通达的女人，年轻寡居抚养儿子确实不易，谢安十分敬重她。谢朗非常聪颖，年始总角便善于玄言。所以谢安常常把他带在身边，让他应接名士，开阔眼界，增长见识。

有一次书法家王献之来访，谢安让谢朗在一边奉陪。这时恰巧另一位名士也来了，献之平时鄙夷此人，便把座位移到一边，不屑坐在一起。他们走后，谢安对谢朗说："王献之是名家子弟，为人过分矜持，有损于自然之致。"显然他是在告诫侄儿为人还是自然一点为好,不要用任何形式拘禁束缚自己。

还有一次名僧支遁来访。两晋南朝名僧、名士喜欢互相交往,因为二者在精神气质、人生追求、哲学思想上有相似相通之处。晋代佛学初入华土,为便于接受流传,常借用玄理阐释附会,名曰"格义",故当时佛理、玄理常相融贯,名僧、名士也常相亲和。谢氏世世代代也好交际名僧,研讨佛理,如谢鲲对北来名僧帛尸梨蜜多罗赞叹不绝,常在一起开怀畅谈;谢尚舍家宅为庄严寺;谢安、谢万则与支遁过从甚密,交情甚笃。支遁极善玄言,并将佛理渗透融汇到玄理中去,既给玄理注入新的因素,又从而宣传了佛理,使人有耳目一新之感,因而极负盛名。

谢安见支遁驾临,十分高兴,说:"支公,这次不劳我本人上阵,让小侄与你清谈一通如何?"说罢,便令人叫来谢朗。谢朗年始十岁有余,大病初愈,身体还很虚弱。但他毕竟血气方刚,好胜心切,很想在这位名僧面前一显身手。于是二人一大一小,往复辩难起来,互不相让,相持不下。

谢安见侄儿有如此的玄理与辩才,心中暗喜,只是苦了嫂子王绥。她担心孩子身体吃不消,便派人来叫谢朗,谢安却不肯放。王绥一急之下,也顾不上男女之别,亲身来到客厅,眼泪潸然,说:"你哥哥早早过世,胡儿体格又不好,我一生的指望就在他身上了。"说罢硬是将谢朗拉走。谢安听嫂子这番话不禁面有愧色,却笑着对支遁说:"支公,我谢氏可谓后继有人,你该领教了吧? 我这位寡嫂的慷慨陈词,可惜朝廷无人在场,否则也该旌表了。"

名将本色是名士

在实际才干方面,谢安最器重的是谢玄。谢安出山前谢玄已 18 岁,风华正茂,谢安常称他有军国才略,将来当成大器。果然,谢玄后来成为战无不胜的名将,成为谢氏家族第二号重要人物,不过这位名将的本色仍是名士。

谢安喜欢与这个侄儿开开玩笑,逗趣取乐,却从不伤害他的自尊心。一个酷热的夏日,谢玄热得难耐,便在自己居室内赤膊露体仰身而卧,恰巧此时谢安有事来找,他慌忙起身上前迎接。谢安见他那狼狈相,笑笑说:"你真是所谓'前倨而后恭'。"长幼之间的隔阂拘谨,尽融化进春风煦然的一句玩笑中了。

"谢家子弟,家冠磊落"。谢玄年轻时也有这种贵公子派头,风流自赏,标新立异。他好佩带一种紫罗香袋,腰间还掖着一条花手巾,显得与众不同。谢安不喜欢他这种打扮,却又不好直说,便与他以此为赌注赌博,被谢安赢来,笑道:"现在归我所有,任我发落了。"说罢便一把火烧了。谢玄领会叔父的良苦用心,从此也就不再作这种花哨的装扮了。

古书上说谢玄"能清言,善名理"。善名理就是善于"辨名析理"。"名"是名词、概念,"理"是概念的内涵。对"名理"进行分析和辩论,辨别事物的名实关系,就是清谈或清言。现在有人甚至认为,"辨名析理"是魏晋清谈玄学的灵魂与指示器。"辨名析理"又与先秦名家如惠施、公孙龙子的思想有关,所以他该是很精通先秦名家哲学的。有人曾经问他:"庄子说惠施著书五车,为什么没有一句谈到'玄'呢?"谢玄回答:"该是其妙处不传吧。"这句话暗含着庄子所谓"言不尽意"之论,是很巧妙简洁的。讲究语言的简省、机警、有味,是清谈名士的条件之一,谢玄反应敏捷,尤长于此。谢安有一次问子侄:为什么武帝司马炎很信任竹林七贤的山涛,而给他的赏赐甚少呢?谢玄应声答道:"应是山涛物欲不高,所以赏赐者也忘记其少。"谢玄之善辞令,大率如此。

谢玄十分敬重叔父谢安,亦步亦趋,引为仪型。他常常伴叔父游山玩水,所以也神往东山。他尤其喜欢垂钓水滨,至今还留有几封书信谈钓鱼的快乐与收获。谢安出仕以后,他也是屡征不出,在东山盘桓了一些时光。

才女谢道韫

谢安还特别喜欢侄女谢道韫。

谢道韫是谢奕的女儿,谢玄的姐姐。她是当时不可多得的才女,也是中国历史上著名的女诗人之一。本有文集二卷,后来都散失了,只留下几篇诗文。女子而有文才的,在她之前,只不过班固的祖姑班婕妤、妹妹班昭,以及蔡邕的女儿蔡文姬、左思的妹妹左芬等数人而已。

在平辈兄弟姊妹中,谢道韫诗写得最好。她一有新作,总要先请叔叔谢安过目指点。这一天她又拿来一张诗笺,谢安接过一看,题目是《拟嵇中散咏松诗》,共八句,他念道:

> 遥望山上松,隆冬不能凋。
>
> 愿想游下憩,瞻彼万仞条。
>
> 腾跃未能升,顿首俟王乔。
>
> 时哉不我与,大运所飘飘!

谢安看重嵇康(曾为中散大夫,故称嵇中散)的为人,对他的诗也很熟悉。他知道道韫所拟是嵇康的《游仙诗》,原诗也是以"遥望山上松"开头,中间有"愿想游其下"的句子。既称拟作,这也无足厚非。不过原作着眼歌颂与憧憬仙人王子乔,诗的后半部分幻想自己也终于服药成仙,超越了黑暗卑俗的现实生活。拟作则着力咏唱那"隆冬不能凋"的劲松,"瞻彼万仞条"的开阔境界是原作所没有的。诗中虽也提及仙人王子乔,却只是期望借助他那白日飞升之术腾跃直上,去亲近与伴随那卓立于崇山之巅的青松,而不是自身化作王子乔式的仙人。这样主题思想就全然不同了,由对成仙飞升的向往变成对坚贞不屈者的景慕,显出道韫自己不同凡俗的志节。

谢安称赞叫好,不过心里却在想:"可惜是个女孩子。"

道韫问:"叔叔,这可算是'屋下架屋'吗?"

原来,"屋下架屋"是谢安对模拟之风的一个尖锐批评。谢安是俊赏之士,有很高明的文学眼光。前些年,有位名士作了篇《扬都赋》,另一位名士为之捧场吹嘘,说是可以"三《二京》而四《三都》"。起先,东汉班固作了篇《两都赋》,后来张衡拟之作《二京赋》,西晋左思又拟之作《三都赋》。经人作序吹嘘,《三都赋》风靡一时,士子争相买纸传抄,以至于"洛阳纸贵"。其实这些赋都是铺陈京都之盛,辗转模仿,千人一腔,了无新意。现在这位名士又拟之而作《扬都赋》,经过吹嘘,也有"建康纸贵"之势了。在这股《扬都赋》之热中,只有谢安头脑清醒,他说:"这真是屋下架屋!如此模仿下去,写作之道便越走越窄了。""屋下架屋"四字,真是一针见血,切中肯綮,抵得上千言万语。道韫很佩服叔叔的眼力,把这四字牢记于心,故这样问。

谢安说:"不算,因为你有己意,有真情。不过以后可以不写拟古之作了,你已能独立创新,不复依傍。"

谢道韫大约在谢安出山前夕已经结婚,丈夫是王羲之的次子王凝之。谢安知道侄女对这桩婚姻不满意,精神上是不幸福的,因为道韫每当归宁回来,面色总是郁郁不乐。谢安问她何以如此,她说:"咱们家叔伯兄弟,是何等风流潇洒。不意天地之中,竟有王郎这等人物!"王家世信天师道,王凝之尤笃,每日除了写写字外,便是符箓祈祷之事,了无情趣。谢道韫是富有才情天性活泼的女子,自然不能心心相通。王氏是头号世家大族,在当时远盛于谢氏,王羲之一支又是王氏中较为风雅的,但在谢道韫眼中,王氏子弟简直成为"伧父"! 前面说的王谢家风之异,谢氏更为风流,更有名士家风,此事也是一例。王凝之笃信天师道,迂腐到竟害了自己的生命,这是后话。

林下风气

更为难得的是,谢道韫还是一位有名的清谈家。女子而又长于清谈玄学的,就史料所见,在魏晋六朝玄学史上是绝无仅有的。由此也可看出谢氏老庄名士家风之盛,风流所及,竟濡染了深闺女儿。

谢玄非常敬重这位姐姐,引为光荣,而姐姐却对弟弟恨铁不成钢,见他清谈玄学无甚长进,便责备说:"你是尘务经心呢,还是天分原本有限?"说来也巧,当时有位名士张玄与谢玄齐名,有"南北二玄"之称。他也有一位值得自豪的姐妹,嫁给顾家。"二玄"各自炫夸自己的姐妹,互不相下。但两位才女既隐在深闺,男子们也就无法一睹其风采,铨衡其优劣。这时有位名叫济尼的女道士经常出入王、顾两家,对二位名媛都有接触,有人问及二者优劣,她说:"王夫人神情散朗,有林下风气;顾家妇清心玉映,是闺房之秀。""闺房之秀",并不足奇,"林下风气"指竹林七贤的风神气质,以一女子而有这种名士风度,则实属罕见了。从这个角度来说,应以谢道韫为优。

谢道韫清谈玄学的造诣,为许多须眉男子所不及。

结婚之后,有一天她在内室听到小叔王献之正在外面客厅与几位客人清谈,便伏在门前侧耳倾听。起初王献之还能够侃侃而谈,后来渐渐不支,显得理穷词屈,支支吾吾,眼看要败下阵来。她不禁技痒难耐,又替小叔着急,便派婢女到客厅对王献之说:"嫂子想替小郎解围。"王献之如得救兵,又很想炫耀嫂子的才华,自然十分高兴,便令人在客厅中设置好青绫步障,请道韫隐在屏障后面与客人辩难。她接过小叔的话题和观点加以发挥,反倒把客人辩得无言以对。

晚年,丈夫王凝之在孙恩之乱中被杀以后,谢道韫寡居会稽。当时的会稽太守刘柳久闻她雅善清谈的大名,特往请教。她也知刘柳是位名士,欣然同意了。那时她已是白发皤然的老妪,在后生晚辈面前不必太讲究男女之别了,只是略加修饰,端坐帷床之上,刘柳则恭恭敬敬坐在一侧的椅子上。谢道韫先是陈说自己的家门不幸,到伤心处,不禁泫然流涕。然后才收泪纵论玄理,不仅辩理清楚,而且语言流畅,毫无阻塞蹇碍之处。刘柳见她虽已年老,却风韵高迈,谈锋雅健,心悦诚服。此时的谢道韫,在孤寂的清闺遇到这样一位知音,虽勾起一些伤心旧事,也总算一吐为快了。

雅人深致

在栖迟东山的那些悠闲岁月,谢安常常带领子侄们赏诗论文、吟诗作文,因为文学对于一个风流名士来说也是不可或缺的,它可以造就一种"雅人深致"。

春天,谢安率领子侄们攀山陟岭,赏悦那万有复苏的自然风光,有时走得很远很远。累了,便在小溪旁青草上席地而坐,谈古论今。有一次谢安问大家:"说说看,你们觉得《诗经》中哪句最佳?"

孩子们各自回想着平时背诵的《诗经》篇章,有的低着头,有的仰面望天。谢玄四顾周围风景,忽见溪边的几株柳树已经长出细长的叶子,鹅黄色的枝条几乎要垂到水面上,他触景生情,说是最喜欢"昔我往矣,杨柳依依;今我来思,雨雪霏霏"四句。这四句在《诗经·小雅·采薇》中,用景物的变化,衬托征人归来时不胜今昔的悲怆之情,自是千古名句,也最易被青春年少的孩子所欣赏。不过谢安说,他还是最喜欢"訏谟定命,远犹辰告"二句,因为有一种"雅人深致"。这二句在《诗经·大雅·抑》中,意思是:"把宏伟规划审查制定,把远大谋略宣告于众。"文学欣赏原就因人的年龄、阅历、志趣而异,萝卜白菜,各有所爱,没有定规,谢安也不强人从己。不过从他爱好的这两句诗中,也许透露出他终将出山并有番作为的消息? 也许他仍然在隐喻孩子不能没有远大抱负?

光阴荏苒,转眼春去冬来。天气冷了,孩子们常常聚集在谢安家中。有一次吃午饭时,窗外纷纷扬扬下起雪来。这样大的雪,在南国还是少见的,孩子们停下碗筷,瞪大眼睛向外看。谢安又趁机问:"你们看这雪花用什么比拟好呢?"

这回是文弱的谢朗先开口:"我看可用'撒盐空中'作比。"

谢道韫说:"不,我看比为'柳絮因风起'倒更贴切。你看纷纷扬扬的,多像轻飘飘的柳絮呀!"

谢安沉吟了一会儿。不错,"柳絮因风起"确比"撒盐空中"更好。沉甸甸的盐粒与轻飘飘的雪花除颜色相似外,再无共通之处。"柳絮因风起"则描出雪花轻柔飞旋之状,传出雪花空灵迷离之神,且不着痕迹地将寒冷化为温煦,于冬天看到春日。看来道韫的文学才华确高出胡儿一筹。他笑向侄女点点头说:"好一个柳絮因风起!"

这样在说说笑笑之中,谢安又诱导子侄们观察想象写物摹景的艺术创造能力,后来这又成为谢氏子弟最善描山绘水的文学传统。所以谢安于谢氏之文学,也功不可没。

从山林到魏阙

陶然于这种山水之美和亲情之娱中,谢安自然不想出山。这里有的是恬静、逍遥、高雅,以及身心的两得自由,而没有什么可使他烦恼、惊惧、算计。对天下庙堂之事他何尝漠不关心,他是旁观者清。在他幼小的时候,曾相继有王敦之乱、苏峻之乱,都曾一度攻入京城建康。对此他虽无印象,却也常听父辈讲起,听来犹为之惊心。他20岁之前是王导执政。这位王丞相他曾见过,令人崇敬。但即使以他的睿哲明达宽惠和平,其实也很难为,背后切齿扼腕者大有人在,甚至密谋要将他拉下台来。眼下朝廷上的实权人物是桓温,以他之才之志又岂能安分? 那么他谢安又何必卷入其中呢?

不免出山

谢安用不着出山。平辈之中,堂兄谢尚、长兄谢奕、弟弟谢万相继为将军,为一方之长,其他兄弟也已出仕,只要谢氏在官场大有人在,只要门户兴旺,他就不会匮乏逍遥之资,用不着去神为形役,苦心劳身。

不过有些事情未免令人生疑。谢安追求任情适意,却又以善于"矫情"著称。有一次与孙绰等人泛舟海上,忽然风起云涌,波涛大作,船上名士们都惊惶失色,顿失平昔优雅雍容的风度,唯有谢安从容镇定,吟啸自若。于是士林皆佩服他的雅量,称他能够矫情镇物,安定人心,必可大用。古语说:"太上忘情,其次任情,再次矫情。"他既一向任情,如果不是别有想法,又何必矫饰自己?

谢安自奉从不俭约,凡是能够怡情悦意的,他都不拒绝,并主动追求。在栖迟东山期间,山水之娱犹嫌不足,还要携带歌伎舞女,以供观赏。会稽王司马昱从中悟出一点消息,对人说:"谢安一定会出山。他既然与人同乐,就不能不与人同忧。"言外之意是:谢安既然追求奢华与愉悦,那么当这种生活条件行将失去之时,他就不能安于澹泊贫约了。也许被他不幸而言中?

他的夫人刘氏看到合门兄弟俱已飞黄腾达,独谢安行年四十仍为布衣,未免眼红,对他说:"大丈夫不当如此吗?"谢安揉揉鼻子,带着重浊的鼻音说:"恐怕不免要如此了。"也许他审时度势,早已有了出山的思想准备?

不管如何,谢安到底出山了。那时的情况是:大前年谢尚死,前年谢奕亡,去年谢万兵败废为庶人。谢石、谢铁权位尚低,以他们的才能,以后恐也难有大的作为。他深知自己的逍遥游并不能达到庄周所谓"无待"的境界,不能泛若不系之舟。他及其子侄们的荣辱升沉,都系于家族的盛衰上。而谢氏这个新出门户眼看后继乏人,行将沦为衰门。而一旦果真如此,那么他们的一切风雅、适性、高蹈,都不过是一种滑稽可笑的自我解嘲罢了。此时,征西大将军桓温似乎看透他的心思,聘他出任自己的军中司马之职。他一反往常,竟爽快答应了。从此他不得不违背素志,去做官,去算计,去尘务经心。只是要告别了,那盘桓了20余年的东山;告别了,那自来亲人的鱼鸟林木!他不知自此一去,何时能重来高卧白云?

那是晋穆帝司马聃升平四年(360年),谢安41岁,已逾不惑。

"小草"还是"远志"

一生不肯摧眉折腰事权贵的傲岸诗人李太白,却终身五体投地崇拜谢安,在诗中向他再三致意。不过他那些称颂备至的诗句,如"东山高卧时起来,欲济苍生未应晚""但用东山谢安石,为君谈笑靖胡沙"等,也未免有点想当然、马后炮。谢安固然并不贪羡荣华富贵,唯求逍遥自适,但恐怕也非"欲济苍生"的。至于"谈笑靖胡沙",虽然后来似乎确实如此,但恐怕在栖隐东山时做梦也没想到,也未必有这种自信。出山之前,他虽名声在外,大有平治天下舍他其谁之势,却毕竟不过是一介坐而论道的麈尾谈客,风流自赏的衣冠名士。这样就难免有人要怀疑他是否如殷浩那样,只是一个成事不足败事有余的"白望"了。

谢安走马上任,先来到建康复命,准备从长江边上的新亭乘船,上溯到桓温驻地江陵。临发那日,朝士们都来为他饯行。觥筹交错之间,有位名叫高崧的朝廷官员向他戏言:"安石,当你高卧东山之时,天下人都说谢安不肯出,将如苍生何。如今你既已出山,苍生将如你谢安何呢?"说毕哈哈大笑。好家伙,真是咄咄逼人!谢安也只得装作不屑意,一笑而已。

　　来到江陵，又遇上这么一次巧妙的挑战。一天，有人送给桓温一种药材，名叫"小草"，又名"远志"。桓温不解，何以同一药物有两个大相径庭的名字？他便转身询问僚属。参军郝隆话来得真快，他先是意味深长地望了谢安一眼，然后慢吞吞说道："处则为远志，出则为小草嘛！"桓温及众僚属都会心大笑。这个答语确实十分巧妙、俏皮、尖刻，一语双关。原来这种药草长在地下部分称为"远志"，露在外面部分称为"小草"，均可入药。这分明是在影射挖苦谢安隐居时心在廊庙，志存高远，出仕后大概也不过是寻常小草而已，无甚作为。这要比高崧的话含蓄而刻薄多了。在众人的大笑声中，他也只能仍然一笑而已。

　　出山伊始，就遇到这么些冷言冷语，来日的风刀霜剑惊涛骇浪还会少吗？他真后悔不该出山，但事已如此，也只得硬起头皮向前。好在他也是有准备的。为了家族的兴旺，他原就明知山有虎，偏向虎山行。并且，是"小草"还是"远志"，是室中盆景还是栋梁之材，这恐怕只有时间才能回答。宝剑的锋利，在遇到盘根错节时才会显出。

周旋桓温

　　高崧、郝隆的话虽然刁钻刻薄，不过平心而论，也半是卖弄俏皮与机锋，其实是无足多虑的，最棘手的还是桓温。桓温对他既有知遇之恩，又是一个野心勃勃的危险人物；他对桓温既不能百依百顺，又不能直接发生冲突。以桓温的雄才与权势，拔掉谢安就像拔一株小草一样。因此他只能与之巧妙周旋，而眼下首先就要设法摆脱他，离开这个是非之地。恰巧他出山后大约第三年即公元362年，谢万病逝，他便以奔丧为名一去不返,由朝廷重新任命为吴兴太守。这样桓温不过成为他走向仕途的跳板,而且事情又做得如此自然无痕,使桓温浑不觉察他的内心想法。后来他又被调到京城,在朝廷任侍中,成为侍从皇帝左右的近臣。这大约是晋废帝司马奕太和年间(366—371 年)。此时执政的内有丞相司马昱,外有大司马桓温,司马奕也不过是傀儡罢了,谢安手中更无多少权力。

司马奕太和四年(369 年),桓温北伐失利,损失惨重,在朝廷上威望降低,心中怏怏不乐。他手下有位参军名叫郗超,因为多须,外号"髯参军",也是名家子弟,为人心计多端,是桓温最贴心的谋士。他劝说桓温行废立之事,方能重振声威,震慑朝廷,进而成就大业。于是桓温便于公元 371 年入京,废除了司马奕,立丞相司马昱为帝,即晋简文帝。这样朝廷的内外大权,都集于桓温一身了。有一次谢安遇到桓温连忙下拜,桓温说:"安石何故如此?"谢安说:"连皇上都得下拜,我一个臣子敢不拜吗?"桓温知道谢安等群臣对他专权朝廷心怀不满,便仍回驻地姑孰(今安徽当涂)去了。

第二年,简文帝司马昱病危,将要继位的太子司马曜年仅十岁,桓温便派人胁迫司马昱立下遗诏,请他入朝像历史上周公那样居摄政事,实为代理皇帝。司马昱无奈,只得照办,却又被谢安及侍中王坦之(属太原王氏)所阻,改为由桓温辅政。桓温得知内情十分恼火,对谢、王二人怀恨在心。

简文帝病逝后,桓温从姑孰入京,朝廷命谢安、王坦之率百官到新亭迎接。此时传言桓温将要诛杀谢、王二人,王坦之十分惊慌,谢安却从容说道:"晋室存亡,就在此行了。"

到了新亭，谢安一眼看出帐后伏有甲兵，却从容走上前去，还用他那有名的"洛下书生咏"，高吟嵇康的诗句"浩浩洪流，带我邦畿"呢！走近后又对桓温说："明公怎么如临大敌，帐后置人呢？"桓温只得尴尬说道："怕有变故，不得不如此。"王坦之此间却吓得汗流浃背，手足无措。此前，人们曾争论过谢、王二人的高下，至此才见出分晓。谢安在朝廷上的声望无疑又增高了几分。

又翌年，桓温病重，便向朝廷请求"九锡"，并命袁宏起草《求九锡文》。所谓"九锡"，原是朝廷赐给元老重臣的九件物品，后来成为权臣篡逆的前奏。袁宏，即谢尚在牛渚西江夜赏拔的那位落魄书生，此时已做到尚书吏部郎。他写好后，拿给他的顶头上司、吏部尚书谢安过目。谢安很不满意，命他修改。袁宏向以文才自负，起草的公文从未修改过，谢安又没讲明如何改法，心中大惑不解，便请教仆射王彪之(王导侄)。王彪之把文章略看了一眼，说："你确是大手笔，但怎可写这种文字！你看桓温病情日见沉重，那么谢安的用意你还不明白吗？"

经王彪之一点拨，袁宏才恍然大悟，便一遍又一遍修改，拖延了9个月，直到桓温病死才不了了之。

谢安终于松了口气。他与桓温的艰险周旋，后来想起还心有余悸。

权力的峰巅

桓温虽有篡夺之疑，毕竟没有篡夺之实；求"九锡"可能是篡夺之兆，毕竟不是篡夺本身。何况他屡次北伐中原，战功赫赫，为晋室南渡以来所未有。加上桓氏子弟众多，各镇一方，桓温的门生故吏又遍于朝廷，就是谢安、谢玄也曾为他的掾属，未始不存感念之情。因此朝廷还是以极高的规格为他举行了丧礼,并追赠为丞相。

桓温死后,他的兵权归于其弟桓冲,被任命为中军将军,兼扬州、豫州二州刺史。扬州是京都所在地,尤为重要。不过桓冲既无乃兄的雄才,也无乃兄的野心,为人比较谦冲退让,每每以国事为重,一改乃兄专断独行的习气,凡有举措,必先奏请朝廷,获准以后方始施行。桓温生前的亲信郗超看到谢安出山以来仕途顺利,青云直上,有执掌朝廷大权之势,而自己的父亲郗愔门第、资历都在谢安之上,地位却在谢安之下,常常愤慨不平,劝说桓冲及早除掉王坦之、谢安等人,独揽朝政,被桓冲严词拒绝。

但谢安对桓冲却不放心,因为桓氏兵权太重,而新主孝武帝司马曜年少,担心桓冲把持朝政,便提请皇太后临朝听政,以抑制桓氏的势力。皇太后即谢尚的外甥女蒜子,与孝武帝是叔嫂关系。王彪之不能领会谢安的用意,又深知桓冲是顾全大局的人,认为皇上已过 10 岁,却要让从嫂临朝训政,此举不妥。但他未能拗过谢安。

皇太后临朝之后,当即任命王坦之为尚书令、谢安为尚书仆射,同为宰相,辅佐幼主。谢安说起来算是太后的从舅,自然更得太后的倚重,便于第二年令王坦之出督徐、兖等州的军事,镇守广陵(今江苏扬州市)。这样,朝政进一步向谢安倾斜。

再说桓冲见谢安一步步把朝权抓到手中,而自己则处于见疑地位,担心吃更大的苦头,便请求外出,并把扬州刺史一职让给谢安。桓氏的族人和党羽对此极力反对,郗超更是苦苦劝阻,说这是授柄于人,自己将成为刀俎上的鱼肉。桓冲却拿定主意,对这些话一律不从。不久朝廷上调任他为徐州刺史,扬州刺史一职果然由谢安兼领。

太元元年(376年)正月,孝武帝司马曜年已14岁,举行了冠礼,按规定应当亲政。太后见朝政已经走上轨道,权力集中在从舅谢安手中,便宣布归政,仍退处后宫。谢安晋升为中书监、录尚书事,总揽朝政。

这样,谢安出山仅仅16年的光景,便一步步攀登上权力的峰巅,"小草"真的成为"远志"。

黄老政治

谢安能够在如此短暂的时间内顺利登上权力的高峰,一是因为他出山虽迟,却比较成熟,在冷眼旁观中审时度势,一如躬耕南亩时的卧龙诸葛。二是凭了他那清醒睿智的头脑和从容镇定的个性,在群僚中威望素著。三是客观的历史机缘。桓温生前已将军政大权特别是军权牢抓手中,没有能够与之抗衡的力量。桓温死后,诸桓内部不和,唯一可成为群龙之首的桓冲又比较谦退平和,而有雄才和野心的桓温幼子桓玄当时还是一个5岁的孩子,这样谢安就轻易稳住了军方。在朝廷上,享有重望的王彪之年已七十,王坦之没有野心,其他百官都无法与谢安匹敌。

孝武帝年少,政由谢安出,他成为权力的核心。客观的形势以及谢安本人的老庄人生观、名士气质、从容不迫的个性,都决定了他的为政方针将是"黄老政治",而这又承袭于王导。

王导在东晋初期长期执政,他的为政方针可以归纳为两句话:"镇之以静,群情自安""务存大纲,不拘细目",这是老子"我清静而民自化""无为而无不为"政治思想的具体化,政简刑省,宽松大度,不生事端,不责小过,以稳定人心,稳定社会。王导执政初期,东晋始建,北宋士族惊魂未定,南方士族人心未服;执政后期,王敦、苏峻之乱初平,也要求宽松安定：因而王导的方针起到稳定政局和社会的良好作用。王导执政的中期，晋元帝、庾亮曾前后排挤王导，实行法治，催发了王敦之乱与苏峻之乱，更反证了王导方针的得当。

谢安年少时曾随父亲见过王导，留下美好印象，说是感到如坐春风那样淳和。王导死后，庾冰执政，实行严苛的法治，有人批评他是"虽纲目不失，但不过是小道小善而已，王丞相决不如此"。谢安很赞赏这句话，也就是很赞赏王导的为政方针。

谢安出仕初期曾任吴兴太守，在任时并无政声，去职后却长久为郡民所思。这正是黄老政治的一个特征：因为清静无为，不急功近利，故无显著政绩；而事后人们所怀念的，也正是这种不滋事扰民的"清静"。这也正如王导曾说的："现在人们骂我糊涂，以后思念的也正是这糊涂。"

谢安执掌朝政以后，人皆把他比作王导。他的为政方针也可以概括为两句："镇以和靖，御以长算""不存小察，宏以大纲"，这与王导的方针同出一辙，连字面都很相似。"镇以和靖，御以长算"主要是对付北方强敌的策略，不急躁，沉住气，从长计议，后发制人。

"不存小察，宏以大纲"是对内政策，即着眼大处，宁可失之于宽松疏略，不能失之于苛细刻薄。有一个小故事说：西晋末年衣冠南渡，纷纷兼并土地田亩，致使农民流离失所，加上北方来的流民也无处定居，户籍混乱。谢安下令整顿户籍，很多人流入京城建康，成为游民。有人建议加以清理，谢安说："何必呢？如果不能容纳众人，怎么称得上'京师'！"原来在古代汉语中，"京"意为"大"，"师"意为"众"。京师京师，原就地大人众，何必为已甚之事呢？得宽松处即宽松，可糊涂时即糊涂，有时"昏昏"反胜于"昭昭"。

在谢安执政的十多年内，未杀一人，也无一次叛乱之事，是东晋的小康时期，这一点又胜过王导。当然二人所处的具体条件不同，也很难加以轩轾。

西汉初期，为了使民众休养生息，曾实行过黄老之术，如汉武帝的名臣汲黯，"治官理民，好清静……其治责大指而已，不苛小"。王谢的做法，与之颇有相似。但西汉初的方针出于政治策略，而王导、谢安都是清谈玄学的名士，他们的为政方针则出自老庄世界观，这又与西汉初期黄老政治不同。

风流宰相

谢安为相，时人比之于王导，而又"文雅过之"。所谓"文雅"，其实就是风流。王导虽然也谈玄，也文雅，也风流，却逊于谢安。所以王导的后代、南齐时的政治家王俭曾说："江左风流宰相，唯有谢安一人而已！"其实岂止"江左"时期，真正渗透老庄气质的风流宰相，恐怕在整个历史上也只有谢安一人。

在由来已久的玄、礼冲突中，王导可以说是玄礼双修的人物，而谢安却始终倾向于玄，而与儒教疏离。王导执政时曾亲自提请兴建国子学，并在上疏中说：风化的根本在于正人伦，正人伦的根本在于设学校，父子、兄弟、夫妇、长幼的等级方能理顺，君臣之间的关系方能摆正；今后取才用人，都应从国子学中选拔。这些话头，在谢安看来恐怕是迂腐不堪的。谢安执政时也兴办过国子学，但那并非出自他的提议，他当然不好反对，但也并不尽心。谢安的风流，就是出自其玄学人生观。

谢安主张"圣人有情论"，主张任情适性，不要让礼法束缚身心。他一生酷好音乐,但弟弟谢万去世后,却长达十年不听音乐。这种行为根源于自然的骨肉之情,并不能归为儒家的"孝悌"思想。而当他身为宰辅以后,即使在国丧期间,也毫无顾忌,不废妓乐,其他士人纷纷效法,蔚成风气。

为此,他与王坦之之间曾发生过一场辩论。王坦之崇尚儒教,重视礼法,反对时俗放荡,曾著《废庄论》,说庄子利天下者少,害天下者多,应予废弃。对于谢安违礼听乐的行为,他曾写信苦苦劝谏。谢安回信说:"我知道你的好意,但我爱好的是乐声,认为只要称情如意,则无所不可,不过自娱而已。如果让我循规蹈矩,崇奉礼法,那是我不想做,也不屑做的。我本以为你理解我的志趣,没想到你仍没领悟庄子的濠上之乐。看来人间莫逆之交,真不易得!"王坦之又多次写信辩论,谢安终于没有听从。他与王坦之的分歧,显然是两种人生观的对立。

谢安追求惬意、称情、豪华、壮丽,甚至不避奢侈。皇宫陈旧朽坏,他提请重新修缮,请孝武帝暂住别处。王彪之极力劝阻,认为外敌当前,不可耗资巨大,大兴土木。谢安却执意不从,把宫殿翻修得十分壮观。在个人生活上更是如此。他出仕以后,始终怀念当年隐居的东山,便在京城 10 多里处建了一座假山当作别墅,名为"土山",按照东山的样子在上面修建了亭台楼阁,种植茂林修竹,时常携带子侄们前来游赏。他吃饭也十分考究,往往一餐百金。王导却与之相反,在国家财政上精打细算,个人生活上俭朴寡欲,仓库里没有余粮,衣服也没有几件。或许这也是"文雅过之"之一端?

时时追求精神的自由与物欲的满足,这大概就是谢安风流的具体内容。

淝水流千古

谢安既然把朝廷大权抓到手中,军国重任也就同时压到肩上。真如晋简文帝司马昱当初所说:谢安既与人同乐,便不得不与人同忧。

违众举亲

就在谢安总揽朝政的太元元年,氏族首领符坚的前秦统一北方,又企图进而统一全中国,调兵遣将,准备进攻东晋。东晋也加强了北方的防卫,调派朱序驻守襄阳。第二年,朝廷上又议选一名良将镇守广陵,谢安举荐了侄儿谢玄。谢玄当时已 30 多岁,几乎走着与叔父相同的道路:先是盘桓山水,屡征不起,后来也出任了大将军桓温的司马。经谢安的举荐,谢玄被任命为兖州刺史,负责江北诸军事,镇守广陵。谢安本人也受命监督扬、豫、徐、兖、青五州军事。

谢安公然举荐自己的亲侄,朝野是有非议的,而其政敌郗超这次却讲了公道话,说谢安违众举亲实为知人善任,因为他曾与谢玄在桓温手下共事,深知谢玄的才干必不负所望。还有一位名叫韩伯的,虽平素与谢玄不和,但也认为谢玄好名,必能战斗。谢玄得知后十分愤慨,说:"大丈夫率大军,入死地,不过是为国家社稷而已,岂为个人功名!"

谢玄到广陵上任后,第一件事便是依照叔父指示,在附近京口(今江苏镇江市)一带招募了一支军队,号为"北府兵"(京口时称北府),并选拔刘牢之、何谦两位猛士为参军。此二人后来都立下大功,尤其是刘牢之,紫脸膛,络腮胡,大眼睛,沉毅刚猛,智勇双全,率领精兵为前锋,百战百胜。

太元四年(379年)二月,苻坚派遣儿子苻丕率众7万,大举南侵,先是攻占了襄阳,俘掳了刺史朱序。接着,又派彭超围攻彭城(今江苏徐州)。朝廷令谢玄率军万余,往救彭城。谢玄用"围魏救赵"之计,扬言要进攻彭超的辎重所在地留城(今江苏沛县东南),迫使彭超率军回保。何谦趁机急进,解了彭城之围。彭超却继续挥军南下,前秦将领俱难、毛当也从襄阳前来与彭超会师,两路军马共6万余人,包围了离广陵只有百里的重镇三阿(今江苏宝应),东晋朝野为之震动,调兵遣将前往抵挡。谢玄率军从广陵西进,何谦奋勇当先,连战告捷,攻城斩将,不仅解了三阿之围,还趁势收复了一些失地。刘牢之又率军焚烧敌人的战舰粮船,断其退路。彭超、俱难等几乎全军覆没,只与几名将领逃回北方。

谢玄凯旋回师,进号为冠军将军,兼领徐州刺史,封东兴县侯。谢安封建昌县公。

这一战只不过是谢玄的初试身手。

子弟兵

大显身手是淝水之战。淝水之战对于谢安来说更是一场严峻考验,他究竟是"远志"还是"小草",能否彪炳史册,就在此一战。

江北一战前秦军队虽损兵折将,但苻坚亡晋之心始终未泯,便于四年之后的太元八年(383年)不顾群臣妻儿的反对,发动空前规模的进攻,与晋决一死战。他抽丁为兵,动员了全国力量,共得步兵60余万,骑兵27万,对外号称百万,以弟弟苻融率30万为先锋,自己率军为后应,于金秋八月浩荡南下。大军前后千里,旌旗相望,东西万里,水陆并进。

当先头部队已抵达前线,后续部队有的还未出发呢。九月,符坚至项城(今河南沈丘南),符融的 30 万人已经到达颍口(今安徽寿县西),迫近晋境。东晋王朝真是危如累卵,人心惶惶,急忙商讨对策,议定以谢安为征讨大都督,全权负责对秦的战争。这样,晋室的生死存亡便系于谢安一身了。

敌人来势凶猛,也只能兵来将挡,水来土掩。谢安任命谢石为元帅,具体指挥前线战事,谢玄为先锋,还有谢琰、桓伊等人,共率兵 8 万,开赴前线。谢石是谢安的五弟,为人精细能干,面色白皙,人称"谢白面"。此前他已做到尚书仆射要职,以军功封兴平县公。谢琰此前为散骑常侍、侍中,现在进号为辅国将军。桓伊善音乐,又有军事才干,此前为建威将军、历阳太守,现进号西中郎将。于是前线的主要将领,便大都是谢安的"小儿辈",而其军队则可谓是谢氏的子弟兵了。

桓冲此时正任荆州刺史,镇守江陵。他见敌众我寡,怕京城建康这个根本保不住,便从自己部队中分出 3000 精兵开赴京都,听从谢安调遣。谢安不受,说 3000 兵马有之不多,无之不少,并传话请桓冲放心,荆州是上游重镇,还是开回去加强防务为好。桓冲见谢安故作镇定,所用的将领大都是一些年轻人,叹息道:"谢安是朝廷之才,而不懂军事。大兵压境,还清谈不辍。前线诸将,又多是没有经验的青年,加上众寡悬殊,后果不难设想,我辈将成为亡国奴了!"

谢安却还是我行我素,说说笑笑,无异于常日。大军即将开拔,谢玄沉不住气了,询问叔父有何指示,仗如何打法。谢安淡然说:"我自有安排。"谢玄不敢再问,心里却又不踏实,便吩咐别人重来请示。谢安仍不作答,只是吩咐备好车马,载着亲朋好友,前往游观土山别墅。来到一座亭阁之中,又拉着谢玄下围棋,谢玄也不好推辞。他的棋术本比叔父高明,现因心中不宁,连连失手。谢安笑道:"你真是心不在焉,一心以为有鸿鹄将至了!"谢安引用《孟子》的典故,谢玄是明白的,他忽然若有所悟:叔父这不是暗示我要冷静沉着、心不二用吗?

到了夜晚,谢安才尽兴而归,一一做了部署。至于他授予了什么锦囊妙计,现在已不得而知了。

洛涧捷音

于是谢石、谢玄等人率领8万军队向淮、淝一带出发,开赴抗敌前线。此时已是初冬十月,阵阵寒风扑面,战旗猎猎有声,令人心中不免感到紧张。

前此不久,前秦先锋苻融攻陷寿阳。晋龙骧将军胡彬率领的5000水兵见此情形,退守寿阳东北八公山中的硖石城。苻融又派梁成率众5万驻扎洛涧(今安徽淮南东淮河支流),并沿河设栅,阻挡晋军。谢石、谢玄不敢贸然前进,只得在离洛涧约25里处即现在的马头城一带停住,裹足不前。

再说胡彬退保硖石,顶不住敌军日夜攻打,已经粮尽草绝,便修书一封,派人向谢石告急。不料信使被秦军截获,押见苻融。苻融从他身上搜出求援书信,信的大意为:硖石危急,倘有不测,恐我此生不复能见诸公了。苻融连夜派使者奔赴项城向苻坚报告:"晋军甚少,恐怕逃脱,应速进攻。"苻坚大喜,便将大军留在项城,只率八千轻骑兼程来到寿阳。他见谢石、谢玄等人驻军马头城一带顾望不前,便派四年前被俘的前东晋襄阳太守朱序前来劝降。朱序被俘后受到苻坚重用,但他不过是暂且栖身而已,无时不想寻机返回江南。他见到谢石、谢玄,非但不劝投降,反劝速战,说:"秦军虽然众多,但战线太长,已经到达的并不甚多,故利在速战。倘若全军集结起来,那么天下事就未可知了。"

谢石的策略本是以逸待劳,坚守不战,待敌军疲惫后发起进攻。但在敌我兵力如此悬殊的情况下,这个办法显然不妥。谢玄赞成朱序的意见,极力主张速战。谢石仍犹豫不决,谢琰急了,大声说:"还犹豫什么!失掉这个机会,等于坐以待毙!"谢石这才决断下来,并请朱序回去从内策应。

十一月初,谢玄派刘牢之率精兵5000直趋洛涧,梁成则率兵列阵准备厮杀。刘牢之勇往直前,强渡洛涧,砍断栅栏,杀死了梁成和几个敌将。谢玄、谢琰跟上接应,前秦军更无法招架。刘牢之又截断桥梁,使敌军无法后退,只得跳入水中,活活淹死。洛涧一战,前秦军死伤15000多人,晋军大获全胜,拉开了淝水之战的序幕。

日夜等待前线消息的谢安听到洛涧捷报后,未置一词,只是露出一抹不易觉察的微笑。

小儿辈,大破贼

洛涧大捷,晋军士气大振,信心倍增。谢石、谢玄等率兵直抵八公山,安营扎寨,遍插旌旗,与寿阳的苻坚大军隔淝水而相望,酝酿着一场决战。天空战云弥漫,淝水流着血腥。

曾经夸称可以"投鞭断江"不可一世的苻坚,眼见洛涧惨败,已经不那么踌躇满志了。一天,他与苻融登上寿阳城头,举目东北,只见八公山中晋军部阵整齐,战旗飞扬,不禁有些胆寒。又见山上草木森森,朔风吹来,微微晃动,恍若都是晋兵,便对苻融说:"这也是劲兵啊,你怎么说他们少呢?"

不久,淝水决战开始。

这天早晨,谢石佯作渡水攻城,以吸引敌军精锐部队。谢玄、谢琰、桓伊等率精兵八千,来到淝水边上准备渡河。秦军紧布水边,没有决战场所。谢玄便派人向苻融挑战:"你们孤军深入,利在速战,现在却布阵水滨,这是持久战的阵势。请后退一箭之地,让我军渡河以决胜负,如何?"苻融等将领都不同意,苻坚却说:"且引兵后退让他们渡河,渡过一半然后出击,必胜。"

一声令下,前秦军队开始后退,而这一退却再无法止住。晋军趁势摇船急进,登岸后即引弓齐发。苻融想稳住阵脚,骑着马阻止退兵,混乱中马被挤倒,为晋军所杀。此时,朱序又在阵后大喊:"我军败了!我军败了!"更如火上加油,秦军益发混乱不堪。谢玄、谢琰等率精兵左冲右突,一直追杀到寿阳西北二十里的青冈城。秦军自相践踏而死者不计其数,侥幸未死者听到风声鹤唳都以为是追军将至。苻坚本人也中了流矢,回到长安后,90万大军只剩下十分之一。

当前线鏖战方酣之时,后方谢安也"鏖战"方酣:他正与一位客人在下棋。此时捷报送来,他略看一眼,面无任何表情,漫不经心地搁到床上,请客人继续着子。直到一局终了,客人问方才有何消息,他才淡然说道:"小儿辈,大破贼了。"听他那口气,比我们现在看到己方赢了一场足球赛或得了一枚金牌,要稀松平常无所谓得多了。其实他心中何尝不捏着一把汗呢,他现在何尝不欣喜若狂呢?他是如此高兴激动,以至于为了赶快向朝廷报捷,跨出门槛的时候,把木屐底下的齿儿折断了都未发觉。这便是他一向矫情镇物的功夫，这功夫曾经镇定了谢玄等人的心，并从而镇定了全军之心。

天下兴亡两盘棋。这大概就是李太白所歆羡歌咏的"为君谈笑靖胡沙"吧。

一门四公

淝水大捷的军事奇迹，并不能说明谢安有多么了不得的军事才干，能料敌如神。

淝水战前，苻坚曾召开过一个御前会议，讨论出兵伐晋问题。虽有人讨好附和，但明智之士皆以为不可，其理由大致有三，即晋得天时、地利、人和。东晋得岁，风调雨顺，农业丰收，此为天时；有长江之险，隔断南北，此为地利；晋虽不振，但朝廷尚无很大过失，君臣和睦，上下同心，谢安、桓冲为"江左伟人"，互相尚能协调，此为人和。前秦自身，则历年用兵，将士厌战畏战，军队虽号称百万，却多是临时凑合，或强征而来，并无多大战斗能力，有的甚至身在秦军，心向晋室。故兵不可出，仗不可打，晋不可图。

临战之前，苻坚也犯有大错，如骄傲轻敌，不能知己知彼；战线太长，实际已集结前线的，也不过 30 多万而已，在人数上并不占多大优势；未作周密部署即轻率退军，等等。

对于战争的客观条件，谢安当然心中有数，何况此前已有多次交锋，晋军大抵胜多负少，说明秦军并不可畏，用不着惧敌如虎，妄自菲薄。他也深知保家卫国以至收复中原的士气可鼓，民心可用。但敌我力量毕竟过分悬殊：8 万对 90 万，1 比 11！对于战争的最后胜利，并不能说他有十足信心,特别是仗打得如此漂亮,如此利落,恐怕他是绝未预料得到的,尽管他曾经故作镇定,外示闲暇。朱序献策这个偶然因素,他是无论如何预想不到的,而这正是胜敌的契机,速战速决的方针就是由此决定的。不过,他的矫情镇物毕竟稳定了军心,他战略上毕竟做出了大体正确的部署,他虽有用人唯亲之嫌,但所用毕竟是得当的。谢玄尤为不可多得的将才。

这就够了,对于后方的决策者不能过分苛求,谢安终究是这次战争的最后责任者,用"指挥若定""运筹帷幄之中,决胜千里之外"这些话形容他也不算过分。这次战争给他留下不朽的历史声誉,他的雅量传为千古佳话。

淝水之战是后世谢氏子弟永恒的骄傲。这一战不仅保住了东晋的半壁江山,也使谢氏家族臻于鼎盛,从此王谢才相提并论,俱称一流士族。战后谢安、谢石、谢玄、谢琰的官职都有升迁。后来,谢安又进封庐陵郡公,谢石封南康县公,谢玄封康乐县公,谢琰封望蔡县公。一门四公,当世莫比。

情结东山

就在这最红火最辉煌的时候,谢安的生活中却潜滋暗长着戒惧与不祥。封建帝王对于功高难赏之臣,多半抱有震主之感与猜忌之心。所以对于为臣者来说,不立功反比立功好,立小功反比立大功好。还在淝水战前的危急之时,孝武帝便以自己的弟弟会稽王司马道子为录尚书事,总管朝廷各部门的政务,以牵制负责对外作战的谢安。谢安的功劳越大,职衔越高,司马道子势焰也越炽。谢安何尝不知道"飞鸟尽,良弓藏;敌国灭,谋臣亡"的古训呢? 所以他唯有退避而已。从淝水战后到他去世的不到两年时间内,昔日的风流潇洒赏心乐事已不可复得,而弥漫着一种悲凉的氛围。

为臣良独难

淝水大捷是在年底。在庆功、封官、加爵的热热闹闹中,很快到了新的一年——太元九年(384 年)。二月,荆、江二州刺史桓冲病故。根据谢玄的功劳和才干,舆论都认为他应填补此缺。谢安深知谢氏功高震主,已经见疑,又担心桓氏不满,便仍以桓氏子弟充任。他其实是在暗示孝武帝,他并不垂涎你司马氏的残山剩水。

再说前秦苻坚自淝水大败后,像赌徒一样输尽了手中的资本,本已统一的北方很快分崩离析,其他部族相继起而造反,鲜卑人慕容垂建立后燕,羌人姚苌建立后秦。这年九月十四日,谢安见北方已乱,便上疏请求亲自挂帅北伐,一方面完成统一大业,同时也好摆脱朝廷上的事务,与司马道子敲锣卖糖各管一行,以避他的锋芒。孝武帝准奏,任命谢安都督扬州、江州等十五郡的军事。谢安即以谢玄为前锋都督,率刘牢之等人向北推进,很快攻克了现在山东、河南的一些城池。谢玄又被任命为都督徐州、兖州等七郡军事。

孝武帝以及司马道子对谢安的疑忌,随着北伐的胜利进军而正比例生长。他们知道,当年桓温正是利用北伐来扩大自己的权势,威慑朝廷,以至于有不臣之心的。他们对谢安也作如是观。特别是有个奸佞小人王国宝,更在其中拨弄是非,挑拨离间,火上加油。王国宝是王坦之的儿子、谢安的女婿,谢安因他为人无行,一直不予重用,他因而怀恨在心,利用裙带关系投靠于司马道子并伺机谗毁谢安,更加重了孝武帝对谢安的猜忌之心。

这里还有一段小小的插曲。桓伊,即那位在淝水之战与谢家子弟一起立过大功的西中郎将,深知谢安的一片忠心,同情谢安有功而见疑的处境。桓伊善于音乐,尤擅吹笛,被称为江左第一。孝武帝有一次召他宴饮,谢安陪同。席间,皇上令他吹奏笛曲,他奏罢一曲之后说:"臣除吹笛之外,还能弹筝,虽不如吹笛娴熟,也尚可一听。请为陛下弹筝如何?不过须有人吹笛伴奏。"孝武帝自然高兴,便命一位歌妓吹笛。他又嫌这人未必能与他配合得好,请求让他的一位家奴伴奏。于是在清扬的笛声配合之下,桓伊一边弹筝,一边唱起曹植的《怨诗》:

为君既不易,为臣良独难。

忠信事不显,乃有见疑患……

谢安听出了他的歌外之意,十分感激。想起从周旋桓温到大败苻坚,用身家性命保住了司马氏的皇冠,而今竟落到如此境地,不禁百感交集,泪下沾衣,便走到他身边,捋着他的胡须说:"你倒还真有一手呐!"

零落归山丘

据说孝武帝听了桓伊的歌词后颇有愧色,但这片刻的触动并不能长久消除他的猜忌,更抵挡不住司马道子、王国宝之流的谗毁。谢安明白自己的险恶处境。"膏以朗煎,兰由芳凋",这是他自己写下的诗句,现在真成了自己的警戒。他既不能像王敦那样举兵造反,也不愿像王导那样苦苦表白。他面前只有一条道路:躲避。

恰巧此时谢玄派遣使者来向谢安请示:前秦邺城守将苻丕因被燕军包围,请求谢玄出兵救援,事成后愿将邺城献给晋军。此事不知可否应允?谢安正想寻找借口离开朝廷外出督军,便命谢玄出兵援救并接受邺城。接着他又上书请求出镇广陵,图谋中原。孝武帝当即批准,并亲率百官为他饯行。

那是太元十年(385年)正月,谢安已66岁。屈指算来,从41岁出仕离开东山,倏忽过去25个春秋了,真是辜负了自己的夙愿!东山,那亲切熟稔的所在,是他日夜梦牵魂萦的。他虽曾在京城外筑土山以仿东山,但那毕竟等于画饼充饥。这次外任,他携带了所有能携带的家属和资财,修造船只,准备经营得略有眉目,便取水路径回东山,像明达的陶朱公那样急流勇退。有时想起来真真好笑,人生常常像划了一个圆圈,最后还是回归到原先地方,而早知今日又何必当初呢?

但天违人愿,到广陵不久他便病倒了。硬撑了几个月,病情不见好转。不得已,他只得上疏请求回京治疗。孝武帝批准。临行他还念念不忘国事,对谢玄、谢琰等做了一番部署。

于是谢安一行人又向京城进发。当车子进入石头城西州门时,谢安忽然心中一动,恍恍惚惚忆起一件往事:当年与桓温周旋时,他常常担心自己性命不保,有一夜做了一个奇怪的梦,梦见自己乘着桓温的车子走了十几里路。桓温病故以后,自己代之执政到如今正好也十几年了。莫非应了这个梦谶,生命之车已驶到了尽头?

这年八月二十二日,谢安病逝。

朝廷依照桓温的规格，为谢安举行了隆重的葬仪。士林无不为这位风流宰相的谢世伤感，特别是一位叫羊昙的名士，是谢安的外甥，平时为谢安所爱重，谢安死后数年不听音乐，宁可绕路而行也决不走西州路，免得触物思人。后来有一天他在石头城喝得烂醉，乘着车，唱着歌，糊里糊涂地来到西州门前尚不知道，别人提醒后才失声恸哭，用马鞭敲着沉重的铁门，一边高诵着曹植《野田黄雀行》中的诗句：

生存华屋处，零落归山丘！……

当年居住在华贵的府邸，而今却长守一抔黄土，一片草莽。一切都已经烟消云散了。长存的只有那一弯新月，依旧把惨淡的光华洒在石头城上……

始宁墅，东山梦

谢安去世仅仅3天，即八月二十五日，孝武帝便以司马道子领扬州刺史，负责全国军事，这样全部军政大权便由司马道子独揽了。

谢玄在前线听到叔父去世的噩耗，立即奔丧回京。事后，遵照叔父的遗愿，又忍泪返回前线继续北伐，攻克了几座城池。他本拟亲自驻守彭城，向北可以稳固黄河防线，向西援助洛阳晋军，向南保卫京都。但司马道子之流既无收复北方的愿望，又猜忌谢玄手握重兵，便借口征战已久，命谢玄由彭城退守淮阴。他看到司马道子专权，国事日非，北伐的良图成空，不禁心灰意冷。

回到淮阴之后，谢玄不久就病倒了，便上疏请求解除职务，以免贻误

大事。朝廷不许,只让他改镇更南的东阳。在移防途中,病情加剧,便又上疏说(今译):

> 臣本常人,无济世之才,不意得到陛下殊遇,也就不自量力,贸然从戎了。战场驰驱十年,不避锋镝,每有战事,则请为先锋,实为酬报陛下恩德。幸赖陛下英明,亡叔谢安谋划辅佐,得以屡败敌寇。本想扫清胡尘之后,追随亡叔退居东山,以尽天年。岂料臣罪孽深重,数月之间叔父谢安、长兄谢靖相继去世,幼子也旋即夭折。每一念及,痛心疾首!今臣也疾病缠身,日见沉重,何敢再忝居重任,贻误国事!万请陛下察臣一片血诚,恩准解职养疾。

这封上书写得情词悲凉,但朝廷仍不允他解职,只是派一位名医前来诊治,并让他回京口休养。过了一段时间,病情仍不见好转,便又上书说(今译):

> 臣同胞七人,零落殆尽。人生种种深痛巨苦,尝味备尽。四顾侄辈,满目孤儿,都还不能自立,令人恻然!万请哀愍,俯允解职。

上报朝廷之后,杳无回音。他又连续上书十余次,才于太元十二年(387 年)正月解除军职,改授会稽内史。

会稽,这是他生于斯,长于斯,歌哭于斯的地方,是他日夜向往的所在。当年随叔父在这里纵情山水,自己还是个不更事的少年,而今归来却成为百病之身!不过与叔父比起来,自己无疑要幸运多了,真该沉浸在这山光水色之中,一洗十余年来的戎马征尘!于是他便在始宁县(今浙江上虞西南)离东山不远的地方开发田地,经营山庄别墅,后人称为"始宁墅"。它左傍太康湖,右临浦阳江,远处有天台、太平诸山连绵逶迤,又有剡江、小江等河流一望如练。他在水流曲折处修造楼房以供居住,两边栽上桐、梓等树木,当地居民称为"桐亭楼"。登临眺望,只见江畔芦花,江中渔舟,宛如图画。

谢玄在这里除怡情山水外,有时也与子侄们谈谈诗文,犹如当年自己还是"小儿辈"时常与叔父同游一样。他的小儿子夭折,大儿子谢涣有点呆头呆脑,不过孙儿谢灵运虽刚刚三岁,看来却极为聪明。这孩子出生十几天,叔父谢安便病逝了,因而谢玄起初不很喜欢他,后来见他伶俐异常,心想也许正是这个孩子将来会承袭叔父的事业,接续谢家的风流,也就倍加疼爱了。又想到现在只剩下这根独苗,为取吉利,便寄养到钱塘一位道士家中,不过也常常接回来看看,谢玄昵称他"客儿"。

在侄辈中,他最喜爱的是谢琰的小儿子谢混,当时虽只有 10 岁上下,却风神秀彻,如玉似珪。当然,他只是偶尔到始宁墅来玩玩。

谢玄在这静谧幽美的处所只过了整整一年,第二年正月就病逝了,比五叔谢石还早走了十几个月,年仅 46 岁。他是带着未了的遗憾而去的。当时不要说他的同胞兄弟已零落殆尽,就是堂叔兄弟也唯余谢琰、谢邈、谢冲数人而已。当年自己是"小儿辈"的时候,虽然谢家还是"新出门户",却有一种蒸蒸日上的气象,生活中没有什么阴影,诸位叔伯是多么风流潇洒放诞不羁呀!现在谢家虽然走上了鼎盛,但他总觉得潜伏着不祥的阴影。皇上昏聩,奸佞当道,晋室将乱,大难将至,在自己的"小儿辈"面前将展开什么样的前景?

第四章　混乱时世

数子勉之哉，风流由尔振！

如不犯所知，此外无所慎。

——谢混《诫族子》

时　　间：东晋后期，约公元389—420年（东晋亡）。

主要人物：谢混。

谢玄的"小儿辈",包括他亲的或疏的子侄,亲的或疏的孙儿,是跨越晋、宋两个王朝的一代,是跨越四和五两个世纪的一代,是跨越社会政治与思想风习都甚有不同的两个时期的一代,他们经历过改朝换代之际天下多故的纷乱、动荡与险恶,经历过"世纪末"的苦闷与彷徨,经历过传统家风同新王朝的龃龉与失调。

东晋后期便是这种演变的枢纽。

据《资治通鉴》晋孝武帝太元十四年(389年)记载,孝武帝溺于酒色,把政事推给弟弟司马道子,而司马道子比乃兄还要嗜酒荒淫,这对酒色兄弟兼君臣便沉湎一气,共作长夜之饮。他们还崇信佛教,广修寺庙,养活着一大批无所事事的男僧女尼,沉重的负担都压在老百姓身上。司马道子仍宠信奸佞小人王国宝,听任他拨弄是非,更加剧了朝廷内部的矛盾,种下了不和的种子。

这一年恰巧是谢玄去世的第二年,看来他忧心忡忡的"临终关怀"并不是杞人忧天。

终孝武帝之世虽然没出大的乱子,但他刚一死各种矛盾便爆发了。晋安帝上台的头一年(397年),王恭等人即以讨伐王国宝为名起兵,直指京都,迫使司马道子杀掉王国宝以谢天下。此后的二十多年,大故迭起,风雨如晦,几乎国无宁岁,一直持续到东晋灭亡。其中最大的事件是孙恩之乱、桓玄之乱和刘裕篡位。

桓玄也是世族子弟,虽曾一度篡权,却对门阀势力没有什么冲击,谢氏也未受到什么损失。孙恩率领起事的是饥寒交迫的农民大军,刘裕的兴起代表了寒门的势力,头号世族谢氏自然首当其冲,损失惨重,不少人被杀。这样谢氏家族便从如日中天开始下滑,遇到前所未有的危机。运交末世的谢氏子弟虽仍不失名门贵胄的风流,却失去了昔日的轻松逍遥。他们有的已经敏感到那遍被华屋的悲凉之气,那吹乱一池春水的凄厉之风,心怀慎惧,暗自惊呼"天凉好个秋"了。他们当然也想保持和恢复往日的荣耀兴盛,却又畏惧明枪暗箭,心境是很矛盾的。最后他们只得抑制自己的拒斥心理,而顺应了刘裕为首的寒门势力。

在腥风血雨中

谢玄曾经教导的从侄谢混,便是晋末谢氏家族的代表人物。他不仅辈分高,官职高,名声高,而且他的矛盾心态和言论很能体现此时谢氏家族的境况,直到入宋后还影响着他的"亲侄"们。他的悲剧下场也是谢氏家族走向衰微的象征,并震颤着谢氏子弟的心灵,促发他们在新的环境之下做出正确的判断与抉择。

谢混风华

谢混小名益寿,是谢琰的第三子,谢安的孙子,父祖都是淝水殊功的建立者。他承袭了一脉相传的"家统",并力图把它传递下去,却又不得不在现实面前发生变形。

他的确切生年已不可考。根据各种有关资料推测,大约生在公元378年前后,谢安死时已经八九岁,曾直接受到过祖父的熏陶,对当年的鼎盛有亲身感受。谢氏子弟往往仪容秀美,风神不凡,而他尤其标致,在当时有"谢混风华,江左第一"之称,说他是东晋一代首屈一指的美男子。后来他被刘裕杀害。刘裕做了皇帝即宋武帝之后,有一次谈起他来,还很遗憾，说："可惜后生已无缘见到谢混风流！"刘宋时有个美男子名叫王彧，属琅邪王氏子弟，因为美貌而被皇上选为近臣，但与谢混相比，就相形见绌多了。当时有人年轻时曾见过谢混，评论说："王彧与谢混相比，简直成了土包子！"由这两个小故事，我们可以想见他无与伦比的倜傥风采。

谢混有谢安的风流：早熟，聪慧，善清谈，好山水，会写诗作文。他原有文集三卷，可惜已经失传，现在只留两三首诗而已。他的山水诗具有里程碑意义，有一定影响。

关于他的婚姻，有一个"禁脔"的故事。晋孝武帝晚年想给自己的小女儿晋陵公主找个合适的丈夫，请王珣（王导孙）做媒，王珣当即推荐了谢混，孝武帝十分满意。不料好事多磨，不久孝武帝就驾崩了，婚事便拖了下来。此间有位达官兼名士袁山松也看中谢混，想让他做乘龙快婿，并且也请王珣说合。王珣笑着警告他："可不好在'禁脔'上打主意呀！""禁脔"是一个典故：当年琅邪王司马睿（即晋元帝）初镇建康开发江东之时，财政上非常困难，吃饭经常难见荤腥，偶尔得到一头小猪就算是稀罕的佳肴美味了。猪脖上一块肉尤为精美，总要留给司马睿，他人不得染指，号为"禁脔"。王珣戏称谢混为"禁脔"，当然指他是皇家的女婿，公主的未婚夫。估计第二年即隆安元年，谢混大约二十出头的时候，与晋陵公主终于成为眷属。驸马的有利地位，加上又是功臣子孙，自然使他的仕途一帆风顺。不过他最初做的是什么官职，现在已经无法弄清楚了。

父兄血

谢混与贤良而美貌的晋陵公主结婚之后的二三年，巨大的灾难便落到他及谢氏家族头上，那是孙恩之乱所带来的。

隆安三年(399 年),司马道子的儿子司马元显当权。他年轻、刚愎、专断,为了扩充自己的兵力,下令强征浙东一带佃客当兵,名为"乐属",致使民心骚动,群情激愤。孙恩本也出身士族,又是五斗米道的教主。这年十月,便趁机率 100 多人从东南海岛登陆,像一把火似地点燃了民心思反的干柴,连有些官府也起而响应,很快逼近会稽。会稽内史便是谢玄的姐夫、谢道韫的丈夫王凝之,也是一个虔诚的五斗米道徒。他毫不设防,只是整日在静室中祈祷天师保佑。部下请他防备,他说:"我已请得道祖派神兵天将援救,诸位无须担心。"就这样他被轻而易举地杀死了,连几个儿子也成为牺牲品。他实在迂腐透顶,既然他与孙恩都是道徒,他们的天师该帮谁的忙呢? 倒是谢道韫不愧为有胆识的女性,虽遭天塌地陷般的巨大不幸,却能强抑悲痛,从容镇定,身怀利刃坐在轿中,令婢仆抬她出门,亲手杀死几个敌兵而后被掳,身边还带着一个小外甥。敌兵要杀害外甥,她厉声地说:"你们要杀的是王家,与我外甥何干? 实在要杀,就先杀我吧!"此时孙恩恰巧走来,为她那凛然态度所动,下令放过。

谢安小弟谢铁的儿子谢冲本在朝廷当官,此时正回到会稽养病,与长子谢明慧一起被杀。次子谢方明此时住在伯父吴兴太守谢邈处,当地也有人起而响应孙恩,攻破郡府,杀死谢邈。谢方明合门遇祸,只身逃窜得免。

孙恩连续攻克八郡,犹如滚雪球,兵力顷刻发展到几十万人。朝廷震惊,连忙派淝水之战的宿将谢琰、刘牢之前往镇压。谢琰此前曾参与讨伐王恭,升为卫将军、徐州刺史。现在他与刘牢之一起,很快收复了被孙恩所攻占的郡县,孙恩重又逃回海岛,谢琰被任命为会稽内史,负责五郡军事,以防孙恩再起。

淝水之战的旧勋,讨伐孙恩的新功,使谢琰十分骄傲轻敌。他上任后,既不抚慰百姓,又不加强防守,只一味饮酒清谈,不改名士习气。堂姐谢道韫自丈夫被杀后仍住会稽,有时来劝告他,他只是轻描淡写说:"姐姐放心,淝水之战苻坚百万大军都被打败,孙恩这种小小毛贼岂在话下?如敢再来,正是送死。"道韫也只能背后流泪长叹,心想我谢氏的家运也像东晋这样气数将尽了吗?

孙恩并不像谢琰想象的那么胆怯无能,第二年五月果然又重新登陆,攻城略池,迅速推进。谢琰仍不在意。这天早晨,孙恩军队突然兵临城下。当时谢琰尚未吃饭,便披挂上马,说:"待我消灭了这帮毛贼,再回来吃饭不迟!"说罢略加部署,率兵而出。前锋奋勇作战,杀死不少敌兵,谢琰率军乘胜进攻。但两边都是水塘,道路十分狭窄,军队只能鱼贯而行。孙恩早就在水塘中布置好船只,这时一齐放箭,晋军无法前进,只得后退。混乱中,被部将张猛从后面砍断马腿,谢琰落马,连同两个儿子谢肇、谢峻一道被害,只剩下小儿子谢混。

谢氏前段如日中天,孙恩之乱中自然也首当其冲,在各个世家大族中损失最为惨重,不到两年共有六人被杀,这是谢氏家史上从未有过的。这些养尊处优锦衣玉食的风流子弟,他们的纨绔上第一次染上乱世的血腥。

这六人中有谢混的父亲、哥哥,其他也都是他的父兄辈。据说后来刘裕生擒张猛,把这个叛将送交谢混发落。谢混想起杀害父兄的不共戴天之仇,便亲自掏出张猛的肝脏生吃了下去。但他即使能够吃掉张猛全身,也消泯不了刻在深心的血淋淋的记忆,消泯不了由此引起的心灵震惊。这震惊也同样留在其他谢氏子弟的心灵中,促其深省。

甘棠伐处谢氏移

一波未平，一波又起。谢琰战死后的第三年，即元兴元年（402 年）三月，孙恩战败投海自杀，余部归其妹夫卢循统领，仍然骚扰不已。而几乎就在同时，又发生了桓玄之乱。

桓玄是桓温的幼子，桓温死时他才 5 岁。后来他像桓温一样雄豪过人，桀骜不驯，加上桓氏子弟势力太大，所以朝廷不肯重用。他出任义兴太守，有一天登高望远，不禁触景生情，感慨道："父为九州伯，儿为五湖长！"父亲生前手握军权，左右朝廷，不可一世，儿子竟然只是个小小的一郡之长！可见他的牢骚不平之情。他不断聚集力量，乘晋末一系列动荡之机，因缘际会，成为荆、江二州刺史，都督八州八郡的军事，自称东晋三分天下已有其二，控制长江中上游对抗朝廷。他见长江下游因孙恩之乱发生饥馑，便断绝水道，禁止向下游运送物资。又屡次上书讥刺朝政，攻讦司马道子父子，暗示天命在己，露出不臣之心。

元兴元年正月，朝廷任命司马元显为征讨大都督，以刘牢之为前锋，讨伐桓玄。桓玄也针锋相对，传檄历数司马元显的罪状，举兵顺流东下。由于司马元显畏敌不前和刘牢之的叛变，桓玄军队长驱直入，三月份就进入京师，杀死司马元显等人，放逐司马道子，自任丞相。

桓玄大兵入城后无处驻扎，他看好了秦淮南岸乌衣巷中的谢安旧宅，打算把那里作为兵营。谢混得知后亲自找到桓玄，情词慷慨地说："召伯仁爱，后人爱屋及乌，连他的甘棠树都不忍砍伐；我祖父的功德，难道连五亩之宅也保不住了吗？"说罢泪流沾襟。召伯是周宣王时的贤臣，据传他为人仁厚，断案公正，常常休憩在棠梨树下的一座小屋里。他死后，人们感念他的仁爱，编了一首歌唱道："茂密的甘棠树呀，不要随便砍伐,仁爱的召伯曾经在此住过。"

桓玄听了不禁有点愧疚。谢安死时他才十六七岁,谈不上什么恩怨。桓氏与谢氏可以说是世交,自己也曾受惠于谢氏子弟。当年他从义兴离任回到京城叩见司马道子,道子正在宴请宾客,借酒故问:"桓温晚年想要窃国,有这回事吧?"桓玄大惊,跪在地上不敢抬头,还幸亏谢混的堂兄谢重说:"桓公当年废昏立明,功超古人。天下悠悠之谈,纷纭之议,还请明断。"司马道子连忙说:"我知,我知!"并举杯请桓玄饮酒。想起这一切,桓玄便放弃了原先打算,将军队驻扎别处。后人有首咏乌衣巷的诗,其中说:"甘棠伐处谢氏移。"

谢安的旧宅虽最终没有变成兵营,但桓玄毕竟有过这种目中无人的设想,至少说明谢安的声望已经黯淡了。一叶落而天下知秋。谢氏子弟由此分明看出,他们家族的太阳已经西移,虽然还未到"夕阳斜"的时候。有谁能出来重振风流?

乌衣之游

对于谢氏子弟来说,乌衣巷中谢安宅是一个象征,它提示着谢氏家族的名士风流和华贵历史,引发他们的缅怀、向往、荣耀以及各种华彩的想象。反过来说,"兵营事件"同样是一个象征,一个负面的象征,它昭示谢氏子弟,谢氏风流将成为过去。谢安宅总算未沦为兵营,使他们有一种失而复得般的喜悦,弥加珍视这祖上旧泽,于是便有谢混与族侄们的"乌衣之游"。谢混后来曾有诗回忆这段生活,现在只留下两句:"昔为乌衣游,戚戚皆亲侄。"

从各个方面推测,"乌衣之游"大概是在元兴元年至义熙元年(402—

405 年)间。因为此前谢琰刚刚战死,谢混悲痛未泯,有的"亲侄"年龄还小;此后则陆续出仕离开京城了。

这是东晋朝廷最为混乱的三年。桓玄入京住了一个月,于四月退守姑孰,遥控朝廷。翌年八月依照他的暗示,朝廷上封他为相国、楚王,派遣王谧、谢澹到姑孰奉送玺册。谢澹是谢安的孙子、谢混的堂兄,王谧则是王导的孙子,这两位"名公孙"当然最适合于此种差事。桓玄称王后,以谢混的族兄谢裕为黄门侍郎,族侄谢瞻为秘书郎。十二月,桓玄入京篡权自为皇帝,国号楚。又翌年(404 年)正月,刘裕、刘毅等在京口密谋讨伐桓玄。二月二十八日起兵,斩杀了桓氏将领,进攻建康。桓玄兵败,退出建康,退守根据地江陵,并挟持了晋安帝司马德宗。五月,刘毅率军攻陷江陵,杀死桓玄。不久,桓氏兄弟又袭破江陵,重把安帝挟持手中。直到义熙元年三月,桓玄之乱的余波才完全平复,司马德宗经过一年多折腾,重回建康继续当皇帝。

大约就是在这种混乱不堪的背景下,谢混避开世事,与侄儿们躲在乌衣巷中饮酒清谈、赋诗作文,过着平静而充满亲情之爱的诗酒风流生活。父兄的鲜血和变幻莫测的现实,使这位纨绔子弟变得严峻而孤特,很少与外界交际,即使名流高士也闭门不纳。

"亲侄"不过是亲昵的称呼,其实都是谢混的族侄,他们大约不下十五六人,其中最讨他喜欢的是谢瞻、谢灵运、谢晦、谢曜、谢弘微 5 个。谢瞻年龄最大,是谢朗的孙子。他堪称神童,5 岁会写文章,10 岁能谈玄理。6 岁时写的《石英诗》《果然诗》,连当时才士们读后都惊叹不已。可惜没有保存下来,使我们无从一赏他早熟的天才。不过,他的才华似乎要让谢灵运一头。谢灵运几乎集中了谢氏子弟的所有特点:聪颖,早熟,博览群书,精通玄理,兼通佛学,在这之前15岁那年就要去庐山拜名僧慧远为师,长辈阻拦才未去成。他的诗文当时与颜延之齐名,合称"颜谢",评为"江左第一",其实他远在颜延之之上。他的书法与诗,则被称为"二宝"。他性格放诞,酷好山水,车轿鲜丽,衣服新异,使其他世家子弟竞相效法。他已经袭封了康乐公的爵位,故称为"谢康乐"。有一次,谢瞻作了一首《喜霁诗》,谢灵运书写,谢混朗诵,被称为"三绝"。

谢晦是谢瞻之弟,为人机敏,善于谈笑,外界比之为汉末建安时才子杨修,他犹觉贬低自己。他的标致不在乃叔之下,一头漆黑的鬓发衬着白皙面孔,眉清目秀,与谢混走在一起,被赞叹为"两玉人"。

谢曜、谢弘微兄弟是谢韶的孙子。谢曜年轻时的情况不很清楚,谢弘微则以其严谨的言行、清醒的头脑和高尚的品格最受谢混看重。他过继给谢混的二哥谢峻,所以谢混对他还有一种特殊感情。二哥在孙恩之乱中被杀,后来分配遗产,弘微虽然自家生活较为清寒,但除取了几千卷书籍之外,对财产分毫不要。还是谢混劝说,他才多少取了一点。那时他才不过十多岁。

看着这些后起之秀,这些新一代的"芝兰玉树",谢混心中自然欣慰,觉得是谢氏的希望之所系,他有责任像祖父谢安那样去引导子侄。他们少不更事,不知道人世政局的险恶,他应时常加以警戒。比如谢灵运为人疏狂,好臧否人物,谢混不便直言,就托付给年龄较长而又谨慎的谢瞻去开导。有一次外出游玩,故意使谢瞻与谢灵运同乘一车。灵运一上车,便对当时的名人贵官说长道短,谢瞻旁敲侧击道:"世无完人,各有短长。令尊大人在世时,士林不也有褒贬之词吗?所以还是以不轻易月旦人物为好。"谢灵运哑口无言,从此有所收敛。

风流由尔振

公元 405 年晋安帝复位后，谢混被擢升为中书令，这是一个负责传宣皇上诏命的要职，当时他还不满 30 岁。侄辈也该陆续各奔前程了。没有不散的筵席，乌衣之游行将结束了。这年他写了一首《诫族子》诗，分别赠送上述五位最予厚望的侄子，作为他们今后的诫励和奋斗目标。开头四句为：

> 康乐诞通度，实有名家韵。
>
> 若加绳染功，剖莹乃琼瑾。

这是写给康乐公谢灵运的，当时他 21 岁，刚刚踏上仕途，为大司马参军。谢混曾说他"博而无检"，故告诫他：你放诞通达，有名家子弟的风韵；倘能够自我约束，时加绳检，再加陶染，就会犹如美玉从璞石中脱身而出，通体光华。接下去说：

> 宣明体远识，颖达且沈俊。
>
> 若乃去方执，穆穆三才顺。

"宣明"是谢晦的字，时年 16，尚未出仕。谢混曾说他"自知而纳善不周"，故告诫他：你具有远见卓识，聪颖明达，沉毅果断；若能够再圆通一些，从善如流，那么就可以立于天地人三才之中了。再接下去是：

> 阿多标独解，弱冠篡华胤。
>
> 质胜诚无文，其尚又能峻。

"阿多"是谢曜的小名，年龄不详。谢混曾说他"仗才而持操不笃"，故告诫他：你很有独立见解，年纪轻轻就继承了祖上事业，不过你的性格过分率真质直，应善于掩饰自己，文质彬彬，达到崇高脱俗的境界。下面四句是写给谢瞻的：

> 通运怀清悟，采采标兰讯。
>
> 直辔鲜不踬，抑用解偏吝。

"通运"是谢瞻的字，当时大约二十二三岁。谢混曾说他"刚躁负气"，所以告诫他：直道而行往往跌跤，应当克制自己，消除偏激狭隘之情。不过从谢瞻以后的行事中看不出什么刚躁负气，倒是在平辈兄弟中最为畏祸退避，也许正因为他的"清悟"（即敏感），记住了叔父的告诫而偏向了另一极端？最后四句写给谢弘微：

> 微子基微尚，无倦由慕蔺。
>
> 勿轻一篑少，进往必千仞。

谢弘微年龄最小，当时只有 14 岁，却修养最高，连谢混都敬称他为"微子"，认为他完美无缺，故诗中也只有称赏鼓励：你有深远的情志，仰慕蔺相如的为人，孜孜进取。不要轻视一筐土少，积少成多，必会堆为千丈高山。孔夫子不是说过"譬如为山，虽复一篑，进，吾往也"吗？所以你只要百尺竿头不断向前，就会鹏程万里，前途无量。最后四句是全诗总结，是对"亲侄"们的共同勉励和希望：

数子勉之哉,风流由尔振!

如不犯所知,此外无所慎。

全诗虽有称赏,有警戒,也有重振风流的宏愿重望,但骨子里却隐含着一种乱世危言,不像谢安当年与子侄们逍遥东山戏谑谈笑的轻松无虑。是的,谢混及其侄儿们此时的心境确实很复杂,既不甘心于家族盛世的逝去而要再振风流,又畏惧风云变幻刀光剑影而希心老庄。这种矛盾心态几乎一直延续到谢氏末世。

谢混的"亲侄"们就是怀着这种矛盾心态,一个个从乌衣巷的高墙深邸中走出,以各种方式与面目登上政治舞台。

从拒斥到顺应

在讨伐孙恩之乱和桓玄之乱中,崛起了刘裕和刘毅两位英雄。晋安帝即位后论功行赏,前者封豫章郡公,后者封南平郡公。一山不能二虎。刘毅自以为功劳与刘裕旗鼓相当,地位和权力却不及刘裕,心中不服,常怀怏怏,曾说什么"恨不与刘邦项羽同时,与之争天下"。刘裕深知刘毅不服,终为祸端,只是卢循未平,无暇与他较量。

倚不住的冰山

刘裕出身寒素,粗鄙无文,曾经种过地,放过猪,砍过柴,捕过鱼。出身高贵的世族子弟,对他显然是有疏隔与拒斥心理的。刘毅出身虽也不很高,但较有文采,附庸风雅,交接名士,因而名流才士也多愿趋附,其中包括谢混。

谢混任中书令颇为尽心,过了一二年又提升为中领军,统率禁军,直接负责皇帝和宫禁的安全。但中领军并无多少兵力。从东晋末期以至整个南朝,风流虚华的世家子弟不再成为权力的中坚,拥有实权孔武有力的是以军功起家的寒人将领,世家子弟往往要结好和依附他们作为靠山。偏见使谢混犯了一个判断和抉择的错误。他从骨子里瞧不起粗鄙的寒人刘裕,随之也小视了刘裕的潜在势力和才干,而气味相投又使他过高估计了刘毅。当时党附刘毅的名士还有一位都僧施,也是世家子弟,谢混的好友。他年轻时住在青溪边上,每当清风美景就泛舟溪中,歌一曲,作诗一首,谢混笑道:"青溪之水日夜长流,你的诗思何有穷尽!"这帮虚华的名士党附刘毅出于主观好恶,而缺乏审时度势。刘毅当然也愿意结好他们,以提高在士林的影响,但其实依靠这种人难成大业。

义熙四年(408年),扬州刺史王谧病故后,位子出缺。扬州地位极其重要,是朝廷根本之所系,其刺史往往由执政大臣兼任。刘毅为了抑制刘裕,阻止他入朝辅政,便竭力推荐谢混为扬州刺史。刘裕也看出这步棋的重要,紧抓不放,自请入朝,就任了扬州刺史、录尚书事,掌握军政大权。这件事暴露出刘毅与谢混之间的不寻常关系,也加深了刘裕与谢混之间的裂痕。

谢灵运也投靠了刘毅。他从22岁任刘毅的记室参军,追随刘毅将近七年。这期间他随刘毅出镇江陵时,曾顺路到庐山东林寺拜见过高僧慧远。慧远出家前精通老、庄、易三玄,是清谈名士;出家后又长期潜心佛典,造诣极深,是佛教净土宗的创始人。谢灵运酷好佛理,对慧远心仪久之。当时慧远已经年近八十,谢灵运还不到三十,自然一见倾心,肃然折服,还出资在寺内穿凿了三所流池。慧远见他对佛理颇有慧解,悟性又好,也很赏重,后来曾请他撰写过一篇《佛影铭》。慧远圆寂之后,谢灵运又为之写了诔文。与名僧交往原是当时名士风流的一个侧面,佛理也成为清谈玄学的一个组成部分,谢灵运对佛理造诣尤深。

在谢氏子弟中,投靠刘毅的还有谢石的孙子谢纯。不过,刘毅这座冰山是倚不住的。

谢混之死

刘裕的势位越来越重,他与刘毅的冲突越来越激化,与谢混的关系也越来越紧张。

谢混虽在乌衣之游中谆谆告诫侄辈应善于变通,不能固执,还发出"直道鲜不蹶"的危言,但知易行难,他自己才是任性而行,不能审时度势。他不但对刘裕本人持有排拒心理,对刘裕的心腹寒人也是如此。比如刘裕一位心腹刘穆之权重当世,朝野人士趋之若鹜,唯独谢混及其族弟谢方明、友人郗僧施等与之疏远,从不登门拜访,刘穆之怀恨在心。

义熙六年(410年),刘裕官拜太尉,权势愈重,朝臣们都到他府上祝贺,趋附讨好,谢混当时已升任尚书仆射,不好不去,却到得最迟,且衣冠不整,显出一副傲慢不屑的样子。刘裕很恼火,故意揶揄他说:"谢仆射今天可谓旁若无人!"谢混明白他的话外之音,也戏谑道:"明公将如伊尹、周公,使天下太平,四海开衿,我谢混何许人也,敢不开怀欢畅!"说罢,索性解开衣带,露出胸怀。刘裕哈哈大笑,心中却又狠狠记下一笔。

旁观者清。谢混的堂兄谢澹见谢混如此不识时务,与刘毅那么亲昵,对刘裕却又这样无礼,心中十分忧虑,劝说了几次又无益,便渐渐与他疏远,免得殃及池鱼,并对谢瞻等人说:"益寿此性,终将破家败族,还说什么重振风流!"谢混确是想重振风流的,只是他企图上靠一个傀儡皇帝,下靠一个志大才疏的刘毅,要重振风流无异缘木求鱼,终将落空。

就在这一年,刘毅被卢循军打得大败,势力与声望都大大下降。刘裕却紧接着大破卢循,迫其南逃,又穷追不舍,直至广西,卢循也像孙恩一样投水自杀。这样,刘裕就要转而收拾刘毅了。

义熙八年(412年)四月,朝廷上以刘毅为荆州刺史,都督四个州的军事。刘毅想培植势力,重整羽翼,请求兼督湖、广一带,刘裕同意。九月,又请求让其弟刘藩为自己的副手。刘裕更看穿了他的野心,但仍然同意。待刘藩只身来到京城受命,刘裕以迅雷不及掩耳之势收捕了刘藩、谢混,皆下狱赐死。接着以皇帝名义下诏公布刘毅的野心,诏中也提及谢混,说他:"凭藉世资,轻佻险躁,拨弄是非,煽动人心,是可忍,孰不可忍!"接着发兵讨伐刘毅,迫其自杀。

谢纯也被乱兵杀死。这是谢氏子弟磊落衣冠上在晋末乱世沾染的又一片血腥。

飞鸟各投林

这片血腥对谢氏子弟的震动,比孙恩之乱更惊心,更强烈。上次毕竟是死于抵挡讨伐"毛贼""流寇"的战场,是明枪,死者也落个殉国的美名;这次却死于朝廷执政大臣之手,是暗箭,死了还要背上逆臣的恶谥。

这片血腥还说明,刘裕要当皇帝已成定局。他破孙恩,败桓玄,讨卢循,杀刘毅,灭南燕,大显了英雄身手;此后他更一个个剪灭政敌,拜相国,受九锡,高下任心,左右逢源,龙行虎步,势不可当,顺之者昌,逆之者亡。谢氏子弟要想重振风流，只能顺应于他，讨一杯剩汤残羹。飞鸟各投林，也只有投他这个"林"，不管他是出自士族还是寒门。

当然，只要诚心归顺，刘裕也乐于笼络这些自命风雅的贵胄。灭刘毅后，他根据一位部下的建议，从刘毅的下属挑选了几个名流，其中就包括谢灵运，先是任命为自己的参军，后来又推荐到朝廷上任秘书丞以及其他官职。谢灵运现在一心一意推戴刘裕，以期得到他的信重。义熙十二年(416年)刘裕北伐后秦，朝廷上派他到彭城慰劳，他作了一篇长长的《撰征赋》为之歌功颂德。更有甚者，两年之后刘裕在彭城为人饯行，令僚属赋诗，谢灵运当时又转回刘裕手下任事，他的诗中竟说什么"良辰感圣心"，提前为刘裕加冕，称之为"圣"。这是很不光彩的，所以清代有人讥他"何其无耻而无忌也"。

谢瞻也落下同样的讥刺，因为他当时的赋诗中也有"圣心眷佳节"之句，亦称刘裕为"圣"。谢瞻虽畏祸退避，但大势所趋，也出任了刘裕的掾属。

谢晦早在谢混被杀之前已出任刘裕的参军，并以他过人的精明和文武才具赢得刘裕的信重。他对刘裕也忠心耿耿，一片至诚。义熙十一年(415年)，刘裕率兵沿江西上讨伐荆州刺史司马休之，战事不利，大将被杀。刘裕脾气暴烈，一怒之下，要亲自披甲登岸厮杀，被谢晦从后面拦腰抱住。刘裕大吼道："我先斩了你！"谢晦说："天下可以无我，不可无公，我死何足惜！"终于拦住刘裕。

第二年八月，谢晦随刘裕北伐，负责军内大小事务。九月到达彭城，宴集诸将，刘裕命令准备纸笔，他要当众赋诗露一手。谢晦深知他那手难免要当众出丑，便代他作诗道："先荡临淄秽，却清河洛尘！……"先涤荡临淄一带的腥膻，再扫洗河洛一带的胡尘，这自然是合于刘裕心意的。

谢晦的忠诚可谓无微不至。

谢混赠诗诫励的五位"亲侄"中,谢曜、谢弘微兄弟正在朝廷上供职,当时未直接在刘裕麾下效力。

其他谢氏子弟中,谢混的族兄谢裕在刘裕还未得势时就慧眼识英雄。那时谢裕已是桓玄小朝廷的骁骑将军,刘裕则刚刚崭露头角,谢裕对他十分礼遇。刘裕势位煊赫之后,特别感念信重谢裕,只是他未入宋即已病故。谢裕的弟弟谢述,经谢裕引荐为刘裕的参军。

谢方明曾随同谢混对抗刘裕的心腹刘穆之,不屑登门拜访。谢混被杀后,他很乖巧,不久就前往造访,使寒人出身的刘穆之受宠若惊,对刘裕说:"谢方明可谓名家驹,本身又有才能,真是人地俱华。"又经谢裕引荐,也成为刘裕的掾属,并以勤谨忠诚受到刘裕的赏赐。

这样,当时谢氏子弟的主要人物大都已集结到刘裕的麾下,等待着新王朝的诞生。

将一家物与一家

魏晋南朝的世家子弟们,并不把你方下台我登场的改朝换代当作一回事,他们没有亡国之耻、殉国之心。在他们看来,朝代的更迭不过是"将一家物与一家",要紧的是家族门阀,这才是他们真正可靠的安身立命之所。"将一家物与一家"当然不过是比喻,指江山易主,龙廷换人。但作为一种虚假而庄严的仪式,一场早已导演好的悲喜剧,却真的要有人来跑龙套,传送那象征江山社稷和至高权力的道具。

现在刘裕就准备导演这么一场戏了。他已年近60,身经百战,攻无不克,功侔天地,虽然已经做到宋王,一人之下,万人之上,但他还须得到最大的也就是唯一的报偿。不过这样的话终不好直白说出，要有聪明臣子心领神会。于是他便在一次盛宴上说自己想奉还爵位，颐养天年。中书令傅亮便是一个能够心领神会的人，他立即着手多方准备，此后便找到东晋末代皇帝司马德文摊牌，晓以利害，喻以大义。司马德文早就准备好这一天的到来，做出坦然的样子说："傅令不必多说了。晋室本早已亡于桓玄，幸赖宋王又延续了近二十年，我有何憾！"于是傅亮便拿出已起草好的禅位诏书请司马德文照抄一遍。

还要有一个传送玺绶的人。桓玄篡位时，传玺的是王谧、谢澹。王谧是王导孙，又是刘裕的心腹，当然最为合适，可惜已故。谢澹是谢安孙，是当今"人望"，这次只好有劳他了。

谢澹不是多么有才干的人，也并不很热衷功名，但凭着"名公孙"的资望，凭着禅代时的需要，他已成为一品高官，而功高如山的谢玄才不过二品。现在让谢澹跑龙套，他欣然同意。他把这已看得很淡。

公元 420 年旧历六月一个良辰吉日，刘裕筑坛南郊，祭告天地，举行禅让大典。傅亮宣读禅诏之后，谢澹便将象征皇权的玺绶从司马德文那里取下，捧送刘裕——这一瞬间他成为宋武帝。

说来真是简单：随着这一取一送，150 多年的晋王朝便永远消失了，谢氏子弟也一步跨入刘宋的门槛。

第五章 风流谁振

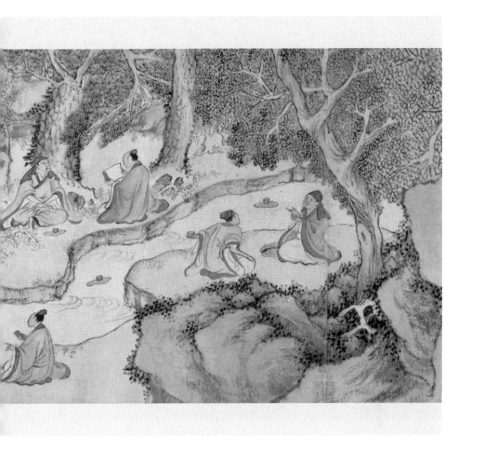

懿华宗之冠冕,固清流而远源……能安亲而扬名,谅见称于先哲。

——谢晦《悲人道》

时　　间:宋,公元420—479年。

主要人物:谢晦,谢灵运,谢弘微,谢庄。

刘宋作为"六朝"的构成部分之一，当然带有这个历史单元的一些共同特征，并未发生彻底的变化。不过与两晋之际比较起来，东晋、刘宋之际的变化要大得多。

　　这个新朝之"新"，不只是"晋"变成了"宋"，"司马"变成了"刘"，更主要的还是它的内容。首先，当朝天子原是"田舍翁"，是一介布衣，他对那些门阀贵胄要又用又防，又拉又打。他特别不能容忍东晋那种"主威不树，臣道专行"的局面，而要使主尊臣卑，主强臣弱，总之要加强皇权。第二，不论世族冠胄的官位看起来多么清显华贵，真正手握重兵拥有实权从而左右局面的，却是那些以军功起家的寒人将领。这种情况，贯穿了刘宋以后的整个南朝。所以门阀世族虽仍然风流自赏，自视甚高，实际上已经处于次要地位——当然他们在政治上仍不可轻视。第三，与以上两点相联系，社会意识形态与风气也发生了变化，清谈玄学和任达放诞之风在东晋后期已逐渐式微，现在更显得不大时行，甚至不合时宜了，而礼法则逐渐抬起头来。

　　谢氏子弟在东晋之末虽顺应了刘裕，但那不过是一种迫于时势的表面顺应。新朝社会政治思想结构的变化，要求谢氏子弟调节自己的深层文化心理结构，即调节自己的名士家风，才能达到真正的顺应、适应，否则便会发生冲突、流血、死亡。谢氏子弟入宋后不少人被杀，就是这种冲突的结果。只有那能够自我调节的，方能立住脚跟。

　　谢混在乌衣之游中曾经写诗诫勉的五位族侄，都由晋入宋。他们之中，尤以谢晦、谢灵运、谢弘微具有代表性。这三人各得谢混之一节，如谢晦得谢混的干进（表现在党附刘裕以求进取），谢灵运得谢混的疏狂（表现在戏弄刘裕），谢弘微得谢混的慎惧（表现在警戒族侄），而这又正是东晋以后谢氏家风的三个重要侧面，由此可见谢混在传承中的作用。

三位族侄都记住族叔"风流由尔振"的期许,各自以不同方式为重振风流而黾勉努力。他们的不同思想、作风所引发的不同结局,对于我们理解谢氏传统的延伸与变异,很有启示。

一个干进者的失败

如果说对于改朝换代,东晋的百官群僚全都无动于衷,心悦诚服咸与维新,那也未免冤枉。秘书监徐广就与众不同。早在桓玄篡位之时,晋安帝被贬为平固王,逐出皇宫,归于王府,一路奉陪边走边哭的便是这位徐广,以致路人也为之驻足伤情。在这次由刘裕一手导演兼为主角的禅位大典上,当谢澹从晋恭帝处解下玺绶转而奉交新天子的那庄严而悲壮的时刻,他又禁不住涕泪交流。

此时谢晦正率游军流动警戒,看到他这副如丧考妣的模样,挖苦道:"徐公是否有点过分?"徐广止住眼泪,对这位新贵正色说:"你是宋朝佐命,我是晋室遗臣,悲喜哀乐,自然不同!"说毕又哭,不再理会谢晦。宋武帝刘裕其实很喜欢这种忠臣,留他在新朝继续任职,他以年迈力衰为由坚辞,归隐家乡去了。不过像徐广这样的人毕竟少得可怜,何况他并不是出自显赫的世族,没有什么重振风流的使命感,他本人又是一位精研礼学的读书人,撰有《答礼问》等儒学著作,未免有点迂执,不能像玩世不恭的风流子弟那样超然于朝代兴衰之上。

新朝佐命
一点不错,谢晦确是新朝佐命,是谢氏子弟最精进不已的一个。还在晋末,他就甘冒矢石,殚精竭虑,帮助刘裕成就不世之功。刘裕也不辜负他的苦心,入宋后任命他为侍中、中领军,率领禁军,守卫朝廷,后来又升为领军将军、散骑常侍,足见对他的信重。又因为他的佐命之功,封为武昌县公,成为一品高官。

刘裕终生戎马,享受人主之乐还不到两年,便于永初三年(422年)患病,令护军将军檀道济、司空徐羡之、仆射傅亮以及谢晦四人守候左右,侍奉汤药。这时有人提议祈祷神灵,刘裕并不相信这一套,只是命侍中谢方明前往家庙,将病情祭告先祖亡灵,大概是期望阴间相见吧。接着便安排身后之事,最重要的当然是嗣君问题。他的长子刘义符立为皇太子,次子刘义真封庐陵王,三子刘义隆封宜都王,四子刘义康封彭城王。按照惯例,继位的应是太子刘义符。谢晦等人虽觉不大满意,也不便多言。到了五月,刘裕眼看即将不起,便向徐羡之、傅亮、谢晦等人托孤,嘱他们辅佐年仅17岁的少主。这种顾命之重,是人臣的最大殊荣,人主的最高信任,三人也一再向刘裕发誓竭尽职守。

不过在私下里,刘裕却对刘义符叮咛过另一番话:"檀道济虽有武略,而无大志,徐、傅二人也无异心。谢晦为人精明,又长久随我征战,懂得机变。将来若出意外,必定在他身上。你可寻一机会,让他出任太守,离开朝廷。"

这些最机密的面授机宜,忠心耿耿的谢晦当然一无所知。

谢瞻的忧惧

谢晦的哥哥谢瞻比刘裕还早死一年,对刘裕这些话不可能知道。不过在他生前,见谢晦官做得越大,权位越重,他就越是忧惧不安。

　　他这种不安也并不自入宋始。还在晋末，他虽迫于大势出任了刘裕的掾属，却不热衷进取，与弟弟谢晦态度完全不同。用他自己的话来说叫做"素退"，即淡于荣名而退避争斗。在谢混所寄予厚望的五个族侄之中，他是最为消极畏惧的。谢晦那时已经受到刘裕信重，每当从刘裕驻地彭城回到建康，巴结奉迎者趋之若鹜，车马盈门，宾客满座。他告诫乃弟："咱们家向来以素退为业，不愿干预时政，交游不过亲朋而已。你现在弄得如此煊赫，恐怕不是家门之福啊！"谢晦却我行我素，他气愤之余，便以篱墙将庭院隔开，说："我不愿看他那样显赫，眼不见为净！"后来他也回到彭城，又亲自要求刘裕："我家原本寒素，父祖都未做到高官。我弟谢晦年方而立，明公就如此抬举器重他。祸福倚伏，恐非好事。万请对他降职使用，以保全门户。"前后多次陈情，刘裕始终不允。后来刘裕请他出任吴兴太守。吴兴是浙东鱼米富庶之乡，是"佳郡"，吴兴太守是人们垂涎的肥缺美差，谢瞻不愿过分显眼，便请求改任为不太起眼的豫章太守。

　　谢瞻这种畏祸心理和退缩态度，在他于晋末写的《于安城答灵运》一诗中也流露出来。这是与谢灵运的赠答诗，开头虽也说"华宗诞吾秀，之子绍前胤"，念念不忘自己的华丽家族，赞扬谢灵运是一位继承祖业的优秀人才，但末尾却很低沉：

量己畏友朋，勇退不敢进！

他的"素退""不敢进"，正是生自于"畏"，而畏祸之心又生自乱世的刀光剑影和老庄哲学。

入宋以后，他仍为豫章太守。他在郡中听闻弟弟的地位更高，权势益重，似乎觉得不祥的魔影更加临近了。他很了解这位弟弟：虽为人精明能干，但对人生险恶了解并不透彻，不善退守，不知止足。他忧愤交加，不久便病倒了，日见沉重，却拒绝延医服药，说是不能长寿，正是福分，两眼一闭，忧惧全消。谢晦得知哥哥病情，立即奔往探视。谢瞻一见便赶他回去："你是国家大臣，又身负机要重任，万里远出，必有人说三道四。快回，快回！"果然在谢晦外出期间，谣传他心怀异志，图谋不轨。

后来谢瞻又借口治病回到建康，其实他是要死在祖上世世代代的居处，因此拒绝了朝廷为他安排的住所，仍住在乌衣巷旧居，在这里他觉得心安、踏实，可以静静回想一生。他想自己虽毫无作为，却也没有毁损家门，无愧于列祖列宗。至于谢晦来日如何，他也实在无能为力。死前他给谢晦留了一封遗书，算是尽了最后责任："我幸已保全，死也无恨，不须悲伤。望弟好自为之，为国为家。"

他死在刘宋建立后的第二年，约三十八九岁。

谢混"风流由尔振"的期许，在这个侄儿身上首先破灭了。以谢瞻这种过分畏祸、过分退缩的老庄处世哲学，即使活着，原也是不能重振风流的。

谢瞻是位诗人，在齐梁人锺嵘写的《诗品》中，他与族叔谢混被列入"中品"同一条中，说二人可以"分庭抗礼"。

废立事件

刘裕去世后，徐羡之、傅亮、谢晦三人受顾命之重，一心一意辅佐宋少帝刘义符，竭尽他们的一片愚诚。刘义符虽不乏聪明，有膂力，善骑射,晓音乐,但从小娇养失教,又正是贪玩年龄,整日与宫人游戏无度,溺于声色,毫不把政事放在心上。徐羡之等早在晋末已追随刘裕东征西战,深知艰难缔造之不易,加上年来又与北魏开战,外患当头,深恐有负先帝托付之恩,便决计把刘义符废掉。于是便将南兖州刺史檀道济、江州刺史王弘调入朝廷商议此事,得到他们同意。檀道济是战功赫赫的武将,王弘是琅邪王氏的头面人物,都举足轻重。

废掉刘义符,立谁呢?按照顺序,该轮到刘裕的次子庐陵王刘义真。但他为人轻佻,不足以担承社稷之重。为了防止他争夺王位,搅乱天下,便先寻了个借口把他废为平民。往下就是三子宜都王刘义隆了。刘义隆为人精明,早在晋末还是个孩子时就已历任要职,虽说有人辅佐,也毕竟是不易的。眼下他正驻守江陵。立他为帝,恐怕是最适宜的了。

景平二年(424年)盛夏六月一个酷热异常的日子,刘义符正在华林园中避暑,与宫人戏设酒店,自为酒保,当垆沽酒,以消磨这个溽暑难挨的永昼。晚上又与左右同泛龙舟乘凉,并睡在舟内。第二天拂晓他还甜梦未醒,檀道济便已率兵拥入,徐羡之等人随后,将他带回宫中。接着便以太后名义下诏,把他废为营阳王,旋又杀害,并杀了已经废为平民的刘义真。

与此同时,由傅亮率领百官前往江陵,奉迎宜都王刘义隆回朝登位。傅亮本是一介书生,能诗善文,对于政治的险恶早就有戒惧之心,曾写过一篇名为《演慎》的文章,告诫自己应小心谨慎。现在做出这种废立君主的天大事情,心中更觉不安,路上写了三首诗表达自己的悔惧之心和急流勇退之想。但这一切都已经迟了。

徐羡之、谢晦也同样惴惴不安。虽然他们觉得是在废昏立明,无愧于先帝,但这毕竟非同儿戏,何况又杀了人家的两个哥哥!于是便趁着朝廷无主的当儿,公布谢晦为抚军将军、荆州刺史,都督七州军事,檀道济仍为南兖州刺史。这样内外呼应,文武配合,以防将来发生不测之事。

刘义隆回京践位,成为宋文帝。他承认了徐羡之等的人事安排。谢晦本担心刘义隆看破其狡兔三窟之计,不容脱身,心怀忐忑。现在既予承认,便松了一口气,决定立即前往荆州赴任。

谢澹的裁抑

临行之前,谢晦先去看望和告别族叔谢澹。

谢澹已经 50 多岁,正在做闲散的京官。他是一个饱经沧桑的人了。桓玄篡位,刘裕篡位,他都充当过"跑龙套"的角色。他看尽了改朝换代,看尽了阴谋杀戮,已成为惊弓之鸟。晋末谢混党附刘毅,他便预言必将破家,后来果然被他不幸而言中。在畏灾惧祸这方面,他有点像族侄谢瞻。不过他性格比较放达,饮酒佯狂,借以避灾远祸,这方面又与谢瞻不同。他资格老,在宋武帝刘裕面前也不很顾忌。有一次奉陪刘裕饮酒,酒酣耳热之时胡言乱语起来,甚至连刘裕的话也不以为然。事后有人对刘裕提出他有悖君臣之礼,应绳之以法,刘裕知道他无甚大害,又是资深的"名公之孙",便说:"不必了。谢澹是方外之士,哪能用方内之礼去约束他。""方外之士"的称号,令我们想起他的从祖谢奕,也因为饮酒放诞被桓温称为"方外司马"。这是谢氏家风的一个方面。

刘裕对他虽不加计较,但心中毕竟不悦,对他不予重用,谢澹乐得逍遥任诞。

谢晦是怀着得意心情来拜别这位族叔的。一来他年方 30 出头便已建立殊勋,成为镇守军事重地的方伯,算得上不辱没门楣了;二来宋文帝同意他外出,可以金蝉脱壳。这种得意之情不免在言语表情上流露出来。谢澹久经世故,当然一眼就看出他的心理,便要裁抑他一下,给他泼点冷水,故意问他多大年龄。

谢晦说:"三十三。"语气中有一种少年得志的味儿。

谢澹说:"哦,已经三十多岁了? 我听说晋时荀羡当北府都督时才二十八岁,你比他可就要老多了。"

谢晦听出族叔的语意,无非是要他收敛谨慎,脸上显出惭愧之色。

两年之后谢澹病死,年龄不详。

从将军到囚房

告别族叔以后,谢晦便刻不容缓,立即奔赴荆州。他想到族叔外示放达,内心却慎惧如此,转觉自己的废立之举也许是立下回天之功,也许是闯下弥天大祸,前途未卜,益觉不安。到荆州后的第一件事就是根据婚约,派妻子和长子谢世休将两个女儿送到京城,一个嫁给彭城王刘义康,一个嫁给刘裕的侄儿新野侯刘义宾,并让儿子留在朝廷为秘书郎,其实是作为人质,以示自己忠心耿耿,决无异志。

但宋文帝刘义隆却是个有主见有决断的人,并不会轻易就被哄住。他对于被废杀的刘义符、刘义真虽然并无好感,对于金銮宝殿虽早已梦寐以求,却并不感激把他扶上台的徐羡之等人。他不能容忍别人染指他皇室的家事,不能容忍像东晋那样权臣执政,任意废立。此风断不可长! 他要给他们点颜色瞧瞧! 他只不过先隐忍两年罢了,以稳住徐羡之等人,也稳住政权。到了元嘉三年(426 年),他就要开杀戒了。他先是杀了徐羡之、傅亮和谢晦的长子谢世休，逮捕了谢晦的弟弟谢嚼、谢嚼的儿子谢世平及侄儿谢绍，肃清朝廷，接着就下诏历数谢晦罪状，亲率大军沿江西上讨伐。

日夜担心的事情终于发生，谢晦闻变不免感到震惊，但事到临头也只得应战，别无他路。他毕竟有些军事经验，头脑又清晰，很快就做好调度部署，命弟弟谢胜等率一万人留守荆州，自己亲率两万人东下。同时又上表宋文帝，极力辩白自己及徐、傅二人一片忠贞，废立之事完全是为国家社稷着想，否则又何必请你这位精明能干的陛下上台呢？立一个昏庸无能的人不是更便于控制吗？他又把此次事变归罪于琅邪王氏的王弘、王昙首、王华兄弟盗弄威权，拨弄是非。

刘义隆不为谢晦的辩白所动，仍然督军西上，谢晦也率军迎战，并打过一个胜仗，又趁机上表陈述心迹，要求惩办逸人王弘兄弟。正在此时，忽闻檀道济也率军前来，不觉大惊！原来刘义隆采取分化政策，对参与废立的檀道济并不计较，而命他率军讨伐谢晦，以示信任。檀道济急于立功赎罪，格外卖力。这实在出乎谢晦的意料之外。他与檀道济共事多年，深知他勇敢善战，心中暗暗叫苦，白天，他见檀道济战船不多，略觉放心，未很在意。到了晚上，东风忽起，檀军顺风西进，只听得鼓声震天，战船黑压压一片，密集集驶来，谢晦手下的官兵斗志瓦解，顷刻自行溃散了。谢晦只身逃出，乘着一只小舟回到江陵，携带弟弟谢胜、侄儿谢世基等七人仓惶北逃，打算投奔北魏。谢胜肥胖笨拙，骑马不便，谢晦只得经常停下来等他，所以走得很慢，不知不觉东方天空已泛出鱼肚白色，即将破晓了。这样走走停停，来到一处地方，被一个守吏认出，率兵把他们一并擒住，关进囚车，押送宋文帝的大本营。

昨日的将军,一下子成为囚虏。

《悲人道》与亡命诗

路上坎坷不平,囚车磕磕碰碰的,行得很慢很慢。后来又糊里糊涂上了船,船似乎开得不快。谢晦沉静下来,多少年来他总是匆匆忙忙,孜孜以求,没有个空闲时候,没有闲暇静心想一想。现在好了,一切都将解脱了,烟消云散了。他知道无论陆路也罢,水路也罢,全都像一条长长的绞索,其尽头连接的是刑场,是死亡。随它去吧。他现在要想想自己走过的人生之路。这时,多年久违了的诗兴忽然涌上心头,他写了一首长长的《悲人道》诗,开头是:

> 悲人道兮,悲人道之实难,哀人道之多险,伤人道之寡安!懿华宗之冠冑,固清流而远源……何小子之凶放,实招祸而作怨……

真像太史公所说的:人穷则返本。到了穷途末路的时候,往往想起生养自己的根本。谢晦首先想到自己的"华宗"——那华丽家族,它是何等源远流长! 而自己又是多么幸运,成为它的贵冑与苗裔。然而自己真是罪孽,为这个光荣的家族招了祸,抹了黑。

接下去他便检讨自己。自己生在那动荡革变的时代,得到"圣皇"刘裕垂青,为之出谋划策,出生入死。帝业成就以后,又戍守禁卫,侍药病榻,并受到托孤的无上信重。本想把先主的恩遇报答于后王,尽心尽意辅弼,谁知这位"后王"太不成器,不得已做出废立之举,也实在是怕有负于托付之重……这一切都犹如皎日,对天可誓,自己又错在何处呢?

他心中无比愧悔，刀割绳绞般愧悔。他愧对自己的弟弟、儿子、侄儿，他们有什么过错，要平白无故成为自己的殉葬品？他愧对自己的父母和列祖列宗，作为人子不是要安亲扬名、保身终孝吗？可自己一样也未做到，反而玷辱了清白的家门，真是"罪有逾于丘山，虽百死其何雪"！他还愧对兄长、叔父们的规诫开导。过去一直都当成耳旁风，现在到了盖棺论定的时候，还有什么好说的呢？

最后他又返回思想之"本"——那祖上世世代代奉行的老庄处世之道："御庄生之达言，请承风以为则。"他呼唤后来者还是要遵行庄周远灾避祸全身保性的哲理，以此种原则去面对人生。

就这样想着想着，建康已经到了。弑君谋反，旧账新罪，昭彰较著，用不着审理，只关了几天，他便与先行被捕的谢皭以及谢世基、谢世猷，还有其他同党，一道押向法场。谢晦微微闭上眼，等待那最后时刻。这时，他忽听到一声撕心裂肺的女子的号叫，原来是他嫁给彭城王刘义康的女儿赤脚披发向他奔来，抱着他哭喊道："父亲是大丈夫，当横尸疆场，为什么如此下场！……"可怜的女儿哭昏在地。谢晦更是心如刀绞，只盼早些行刑。

倒是侄儿谢世基从容，他不喜欢这悲天抢地的气氛，把头一扬，朗声念出四句诗来：

> 伟哉横海鳞，壮矣垂天翼。
> 一旦失风水，翻为蝼蚁食！

那大海中的巨鲸，那天空中的大鹏，它们一旦失势，却遭到蚂蚁蝼蛄等辈的吮食！谢晦听了，不禁精神为之一振，根据原韵续了四句：

> 功遂侔昔人，保退无智力。
>
> 既涉太行险，斯路信难陟！

虽然功劳比得上古人，却不能像他们那样急流勇退。只有曾经太行之险的人，才会知道人生道路多难攀援。

他毕竟不像侄儿那么年轻，血气方刚，诗的气势格调都差得多了。不过那时他也仅仅 37 岁。在这次废立事件中，谢氏子弟被杀的共有 8 人之多。

这样，谢混重振风流的期望，在谢晦这个"亲侄"身上也幻灭了，虽然他曾红极一时。应当说，他的两次上表和《悲人道》诗所言都非假话，他以及徐羡之、傅亮确实没有更大野心，都出于报答先主的一片愚忱。但他们看不透宋文帝刘义隆决不允许主弱臣强，看不透政治形势已不同于东晋。另外在具体做法上，废昏立明虽无可非议，但杀死刘义符、刘义真未免过分，给刘义隆抓到一个很好的把柄。

从谢氏家族来说，谢晦精明而过分的进取，看来在"新朝"并不能重振风流。说到底，他作为一个华宗冠冑，不该去插手人家寒人皇室的家事。正像他的《悲人道》所表达的：此路不通。

一个疏狂者的失败

可以说，谢灵运曾与谢晦处于政敌的地位。正是在谢晦最红火之时,谢灵运出守永嘉。二人性格也不同,一个精明,一个疏狂,到头来却殊途而同归。

贬守永嘉

谢灵运入刘宋时已经 36 岁。刘裕给他的第一个下马威,便是把他承袭的封号(康乐公)由公爵降为侯爵。另外,大约刘裕考虑到他不过是空疏文人,又是刘毅的老部下,只任命他为太子左卫率这样一个守护太子的官职,平素也不过把他看作一介书生,让他写写诗作作文而已。按说谢灵运在晋末虽曾用诗文为刘裕捧过场,却没有实实在在的功绩,不比谢晦,这种安置也还说得过去。但他生性偏激,自负,加上自少年时代起便有"江左第一"的赫赫文名,更使他忘乎所以,自认为才能宜参与权要之事,现在既不得志,便心中愤愤不平,免不了常常发牢骚,讲怪话,攻击徐羡之等执政大臣,甚至对族弟谢晦也有微词。

谢灵运无疑是记住族叔谢混"风流由尔振"的期望的,他觉得自己应承担起这个使命,但这须有政治靠山作为飞黄腾达之资。他看准了刘裕的次子庐陵王刘义真,与颜延之、释慧琳成为刘义真的"三友",过从甚密,情好异常。颜延之也是文人,与谢灵运齐名。慧琳是当时有名的高僧,虽皈依佛门,却热衷世事,熟谙儒家及老庄之学,诙谐风趣,善写文章,反对鬼神之说,与谢氏子弟关系密切。刘义真当时不过十四五岁,为人聪明轻浮,爱好文学,当然也乐于与谢灵运等文人往来。他自以为有才华,对游手好闲的哥哥、太子刘义符并不服气,有觊觎皇位之心,酒酣耳热之时难免讲出狂话来,说什么一旦得志,便以谢灵运、颜延之为宰相,慧琳为西豫州都督。其实他心里把谢、颜看得很透,当徐羡之派人责备他不该乱说时,他说:"这有什么!灵运空疏,延之隘薄,我不过随口说说而已,岂可当真!"

徐羡之等人是尽心国事的。刘裕病重,他们担心将来发生争位等不测之事,征得刘裕同意,任命刘义真为豫州刺史,出守历阳,调离京师。刘义真以父亲病重为由,迟迟不肯上任。五月,刘裕病逝,谢灵运奉命写了一篇诔文,免不了歌功颂德一番。刘义真却不以为意,还与谢灵运等"三友"视察部队,在船中饮酒作乐呢。在徐羡之的一再敦迫下,才不得已于六月离京赴任。

刘义真要以谢灵运为宰相虽是说者无心,谢灵运却是听者有意,所以他终生都感念刘义真这位"知遇"。而现在太子刘义符登位,义真外出,他的宰相梦破灭了。不但如此,徐羡之等人还以"煽动人心、非毁执政"为名,把他逐出京师,出为永嘉(今浙江温州)太守,颜延之则出为始安(今广西桂林)太守。谢灵运平时那么不检点,谢晦很难替他讲话。于是他便于这年七月怀着惆怅不平之心,告别亲友,登上小舟,迎着初秋乍凉的清风,去永嘉上任了,临行写了一首《永初三年七月十六日之郡初发都》的诗,末尾说:

> 将穷山水迹,永绝赏心晤!

"永绝赏心晤"就是永远不能再与赏识他的刘义真相对晤谈。真是不幸而言中,他与刘义真这一别,确是永诀。

《辨宗论》

"将穷山水迹"也是言不虚发,他确实踏遍了永嘉的山山水水。

据传名僧慧远曾与人在庐山结成白莲社,社员共有 123 人,谢灵运曾为之开凿东西两个流池,并申请入社,慧远因为他"心杂",未予接纳。这个故事可能是好事者编造出来的,但也正是根据谢灵运"心杂"的特点编造的。谢灵运确实思想复杂。中国古代的士人无不或多或少受儒学濡染,谢灵运自也难免,虽然他的儒家思想是很淡薄的。他热衷功名,始终没有勘破红尘,不过又酷好释家之言,精研佛理。但他的思想根源之处毕竟是老庄,这是世世代代谢氏子弟的一条思想主线。宰相梦既已破灭,甚至京师都待不住,他感到仕途升迁已经无望,情绪消沉,头脑中固有的老庄一面便急遽扩展。

永嘉郡在当时虽还算比较偏僻,但好在有佳丽的山水,属现在的旅游胜地雁荡山脉。永嘉城北,有林深岩密的绿嶂山,城东有可以远眺大海的华盖山,城西有云绕叠嶂的石鼓山。此外,郡中还有岭门山、帆游山、白石山、盘屿山、太鹤山,等等。永嘉江从城北流过,江心有一座孤屿山,南北狭长,东西宽阔,景色尤为秀绝。离永嘉大约 80 里处,在楠溪西南有白岸亭,附近疏林密石,空翠宜人。这一切足以慰藉那失意侘傺的心灵了,人生除了追求任情适意,还需要什么呢?于是他便纵情游放,走遍了郡属各县的奇山秀水,有时一出就是十天半月,民间诉讼等一应政务,全都抛在九霄云外,真是实行了孙绰的那句名言:"处官无官官之事。"每到一处,他不免要写诗歌唱那旖旎风光,也抒发他缥缈的玄思。说来人心也真是奇怪,后人记住了他的适情风流和那些山水佳篇,却忘记了他荒废政事的放浪,我们现在游览那一带地方,在温州江心屿会看到新建的"谢公亭""澄鲜阁",在青田县丹山之旁溪涧之上会看到"谢桥亭",纪念着这位失意的诗人,令人发思古之幽绪。

在永嘉他除了写出许多脍炙人口的山水诗篇外,还写了在佛教思想史上有重要意义的《辨宗论》。

《辨宗论》是与当地僧人法勖等论辩的产物,所以全称应为《与诸道人辨宗论》。不过话要从名僧竺道生说起。道生知识渊博,思维敏捷,在建康时曾与谢灵运有过交往。当时佛教界根据法显所译的六卷本《涅槃经》,认为罪孽深重或顽冥不化的人不能成佛,一般人成佛也须经过长期修持达到"渐悟"。道生力排众议,独持己见,宣传恶人也能成佛,在佛法面前人人平等,机会均等,而且人们可以"顿悟"佛法,立地成佛。他的这些主张当时被认为是异端邪说,因而革出教门。后来全本《涅槃经》译出,与他的观点恰好一致,于是他又被认为见识卓越,孤明先发。

当道生的观点孤立无援之时,极力支持他的便是谢灵运,《辨宗论》就是论辩以上问题的。他自称折中儒、佛,说是佛教主张人是可以通过长久修习,悟道成佛的;儒学认为一般人不能成为圣人,而需要灵心意解者的顿然领悟。因此应当既取佛教的可以成佛之说,又取儒家的顿然体认之论,二者折中结合,成为"顿悟成佛"的学说。当然,谢灵运这里所谓儒家顿然体认之说,其实是魏晋玄学家对儒学的改造曲解,因此他实为折中了玄、佛。谢灵运的这种主张,对后世影响十分深远。

谈佛说玄,游山玩水,光阴过得很快,来到永嘉转眼就是一年。朝廷上仍然是徐羡之等人把持大权,宋少帝刘义符只知玩乐。谢灵运见仕途并无好转的苗头,决计连这个永嘉太守的乌纱也扔掉,回到他祖父经营的会稽始宁墅彻底隐居,于是托病辞职。族弟谢晦、谢曜、谢弘微得知后,相继写信劝阻。特别是谢晦,似乎有一种歉疚之情,更是极力劝他从长计议,静待时机。谢灵运生性执拗,哪里能听得进去!

于是他又告别永嘉向会稽进发,那也是一个凉风初肃的秋日。

初识谢惠连

恰巧此前不久,谢灵运的族叔谢方明由侍中出任会稽太守。既有亲情,又是地方上的父母官。谢灵运免不了首先要去拜访。谈起朝廷上的一些情况,谢晦的进取不已之状,谢方明只是摇头而已。不过谢灵运觉得收获最大的,是初识谢方明的儿子谢惠连。

这父子二人的个性、作风全然不同,关系犹如冰炭。谢方明大约因为在晋末孙恩之乱中合门遇祸吧,为人谨慎,史书上评他"小心翼翼",是个精明沉静的官员。还在晋末任晋陵太守时,有一年年底,他竟将狱中轻重囚犯一律释放回家过节,限令正月初三以后回狱。虽然手下有人反对,他却胸有成竹,不予理会。囚犯们回去与父母妻儿过上团圆年,无不对这位太守感激不尽。初三以后,果然都自行返回,逾期不归的只有两名,一名因饮酒过度误了期限,另一名则确有逃遁之心,后来经父老乡亲规劝责备也终于回来。此事一时传为美谈。

到会稽后,他见前任太守把郡中搞得混乱不堪,却并不张扬,表面上仍然沿袭过去,暗中却锐意革新,但又十分自然,了无改变之迹,这样也就不会招致前任的嫉视。在为政大旨上,他承袭谢安"务存大纲,不拘细目"的方针,叫做"阔略苛细,务存纲领"。所以他虽然谙于吏治,骨子里其实还是崇奉老庄,临政则取黄老之术。经过他后来的一番治理,郡中遗弊很快得到涤扫,连昔日横行不法的土豪劣绅也不敢犯禁。许多年之后,会稽士民仍然怀念称颂着他的政绩。

谢惠连却是个吊儿郎当的"自由主义者"。他比谢灵运小20多岁,当时只有十六七岁,正跟着一位落魄文人何长瑜在家中读书。他生得一表人才,风神楚楚,才华横溢,很善于写模仿江南情歌的"绮丽歌谣",世人莫比。他又颇好男风。谢方明手下有位名叫杜德灵的小吏,是个美男子,二人打得火热。谢方明对此尤为恼火,禁止他们来往。总之,以谢方明的严谨沉静,自然不喜欢这个风流轻佻的儿子,经常骂他"轻薄",说他是不成器的家伙。

何长瑜也是个放荡轻佻的文人,说话尖刻,常常写些打油诗揶揄挖苦达官贵人,因而人们对他也很反感。

谢灵运却很喜欢这师生二人,曾对谢方明说:"阿连这孩子如此聪明伶俐,你竟不喜欢他!何长瑜之才,可以说是当今的王粲,你却把他当常人对待。你既不赏识这位人才,就请让他随我去吧。"他很可能把何长瑜带回始宁墅住过一段时间。

谢惠连那慧中秀外的风神给谢灵运留下极深的印象。据说他每当见到惠连,便会写出优美的诗句。有一次他在家构想诗篇,大半天都未想出什么佳句,弄得疲惫不堪,就打了个盹儿,恍惚间忽见惠连笑吟吟地立在面前,一联佳句蓦地涌向脑际,随后醒来,竟是一梦,便立即把诗句记下。这位小阿弟竟成了他的灵感之源!或许谢惠连那充满青春气息的潇洒风采本身便是一首诗,一个引人遐思的艺境?

追忆传统

对于谢灵运来说,回到会稽就是回到生活与精神的家园。他出生在这里,他光荣的先祖曾经游息并埋骨在这里。他虽然从未见过从曾祖谢安,对祖父谢玄也绝无印象,但一静眼一投足都是他们的遗迹。始宁墅是祖父缔建的,东山则与从曾祖的名字联系在一起。他觉得总是伴随着他们的身影,呼吸着他们的气息,沐浴着他们的惠泽与光荣。

谢灵运小时候从他过世很早的父亲那里听说过,祖父对自己寄托很大期望。但他深知自己已经无法建立殊勋,为家族赢得殊荣,不过继续经营和拓展始宁墅却还是办得到的,这或许也算不愧对祖父的在天之灵? 祖父原来居住在南山,那是他开创卜居之所。他则在北山别营居宅,居宅四面有水,东西有山,与南山相距三里多路,峰崿阻绝,只有水道相通。周围的田地、山坡上,有庄稼、果林、药草、鱼池,大凡日常生活所需一应俱全,不假外求。

谢灵运为此写了一篇很长的《山居赋》并亲自作注,叙述山野草木水石庄稼之事,而实际上半是追念祖父的遗泽,半是抒发自己的情愫。他说祖父建大功于淮、淝,后来为避司马道子的势焰,在这里"选自然之神丽,尽高栖之意得";自己则有才难展,有志不酬,也"谢平生于知游,栖清旷于山川"。总之祖孙二人,都把这始宁墅作为隐居避世、怡情悦性之所。

另外他还写了两首《述祖德诗》,顾名思义,是追述和歌颂祖父的功德的。第一首开头说:

> 达人贵自我,高情属天云。
>
> 兼抱济物性,而不缨垢氛……

意谓祖父谢玄得老庄之旨,通达事理,重身轻物,犹如高天上的白云一样舒卷自如,超然物外,但他又不全同于老庄,而有拯世济物之心,并能功成身退,不贪恋尘俗的势位富贵。第二首便是写他如何急流勇退的,结尾说：

> 贤相谢世运，远图因事止。
>
> 高揖七州外，拂衣五湖里。
>
> 随山疏浚潭，傍岩艺枌梓。
>
> 遗情舍尘物，贞观丘壑美。

当年淝水大捷以后，"贤相"谢安及祖父谢玄图谋北伐中原，收复失地。而"贤相"却不幸逝世，北伐的远图也随之成空。于是祖父辞去七州都督之职，退隐于五湖烟水。他一心经营这始宁墅，根据地形山势开凿池塘，种植树木。他遗落一切世俗的得失之心，富贵之想，胸怀虚旷，悠然高栖，观赏那山川自然的美色。

　　人们对引为自豪的祖先形象的记忆与向往，常常影响着自身的行为，从而传承着某种传统。谢灵运在这两篇诗赋中所忆念和颂扬的，一个是始宁墅的栖逸，一个是淝水的勋业，正是谢氏家史上的两个象征，也是谢灵运本人的毕生追求。当然，淝水式的殊勋对他已不可求，他现在只能像祖父那样在这山光水色中逍遥。

　　他在这里住了三年，与著名隐士王弘之、孔淳之以及虔诚的僧人昙隆谈玄论佛，怡山悦水，渐渐把朝廷淡忘了。但朝廷却突然记起他来，改变了他生活的轨迹。

东山再起与复归

宋文帝刘义隆平定了谢晦之后，想起赋闲在外的谢灵运。人们都知道,谢灵运当年曾经追随庐陵王刘义真,因而被徐羡之等人出贬永嘉,刘义真本人也遭到废杀。自己此次诛杀徐羡之、傅亮、谢晦,正是打着为刘义符、刘义真雪耻、正名的旗号,因此对谢灵运也应有所表示。徐、傅等人既诛,谢灵运也自当平反回朝。

刘义隆要起用谢灵运还有更深的想法。在这次谢晦事件中,谢氏子弟有那么多人被杀,无疑会引起他们心中的不满与疏离,而起用谢灵运则是对他们的一种补偿和安慰,平衡他们的心理,以示区别对待。于是,他便下诏征召谢灵运回朝。

谢灵运已经习惯于这种闲逸逍遥的山栖生活,又加上王弘之、孔淳之等知友劝阻挽留,不很想出山了。何况谢晦纵然有罪,毕竟是自己的族兄弟,还有那么多族人受到牵连,无辜被杀,想起来未免令人惊心、寒心,所以他一再托辞不出,谢绝诏命。刘义隆却不肯罢休,亲笔修书一封,派了一位朝廷高官前来敦请。谢灵运为刘义隆的诚意所感,觉得他是自己的又一知遇。另外,自己既属已平反昭雪的刘义真一派,是已被诛灭的徐、傅一伙的政敌,那么刘义隆也许会把自己引为心腹,让自己参与权要。倘若果真如此,这倒是一个建功立业、重振风流的良机,不可轻易错过。

于是他那本就不很坚定的隐遁之心动摇了,功利之心复萌。此时,与自己同时被贬外出的颜延之也已回朝,他后来在写给颜延之的一首诗中谈到自己东山再起的原因是:"感深操不固,弱质易扳缠。"意思是说:因为感念朝廷的知遇,便不能固守隐遁的节操;因为意志薄弱,就容易被人缠住不放。是的,谢灵运原本就不是一个彻底的老庄信徒,不是王弘之、孔淳之那种死心塌地终老山林的隐者,虽然后二人也出自世家名门。

回朝以后,刘义隆任命谢灵运为秘书监,这是一个负责整理秘阁图书的清闲官职,无疑是给谢灵运的兴头与幻想泼了一点凉水。不过他还是等待着。朝廷因晋代没有史书,请谢灵运主持编写《晋书》。谢灵运当然不感兴趣,做得不很起劲,写写停停,只编撰了 36 卷,全书竟一直拖着没有完成。

后来谢灵运又被提升为侍中,这倒是一个皇上的近臣,刘义隆也确实朝夕引见他,而且赏赐很多,但所谈的却不出诗呀文呀的范围,并不涉及朝廷机要、济世安邦之事。有一次刘义隆游京口北固山,也把谢灵运带上,让他写了一首歌功颂德的应诏诗。

至此谢灵运已经明白,自己不过是充当了一个文学侍臣的可怜角色。吟诗作文虽是自己所长,却非自己所志,那不过是壮夫不为的雕虫小技而已。此时正是王弘兄弟执政,谢灵运觉得他们名声素在自己之下,而权位却远在自己之上,心中十分不平。于是故态复萌,又消极对抗起来,常常称病不朝,却在家里指划兴建风景园林,修造假山,开凿池塘,种植奇花异草,用的都是公家的劳力。有时还不辞而别,带领一帮人外出游山玩水,一游就是一二百里,一出就是十天半月。刘义隆明知他心怀不满,还给他留了点面子,暗示他自己提出辞呈。谢灵运心领神会,借口生病,上表辞职。刘义隆顺水推舟,准假回会稽休养。

于是谢灵运复归东山。此次回朝任职,算来大约有两年光景。

山泽之游

重回会稽,真是物是人非。老友王淳之已经死去,孔淳之缠绵病榻,亦将一病不起。族叔谢方明也死了,会稽换上一位新任太守孟颚。孟颚精心事佛,颇有一些造诣,按说应当有共同语言,可以心心相通。但他在政治上与谢灵运属于不同派系,在佛理上也与谢灵运的观点相左,属于不同的宗派。谢灵运持顿悟成佛说,孟颢则崇奉渐修成佛之论,所以有一次二人谈论佛理,谢灵运说:"得道须有慧业,你升天当在我之前,成佛必在我之后。"此话说得实在有点尖刻,孟颢怀恨在心。

所幸谢惠连还在,他已经22岁。父亲谢方明去世后,他更加放纵起来,与会稽小吏美男子杜德灵重修旧好,在居丧期间竟然写了十几首五言诗赠送给他,现在只留下"乘流遵归渚"一句,大概就是轻浮的"绮丽歌谣"之类,在社会上广为流传。朝廷得知后十分恼火,取消他世族子弟的政治特权,不准选拔为官,因此他仍然闲居在家。谢灵运与他再次相见,真是同病相怜,倍加亲热。何长瑜也仍在这里,还有其他两位文人,再加上谢惠连共四人,被称为谢灵运的"文章四友",常常在一起研赏文章,作诗赠答。谢灵运与惠连的赠答诗,现在还保存下好几首。谢灵运在诗中说"末路值令弟,开颜披心胸""别时悲已甚,别后情更延",这位小阿弟,真是他平生第一知音。

他们更多时间是在一起游山玩水,称为"山泽之游"。谢灵运已经44岁,在当时是不算小的年龄了。经过几番政治上的升沉进退,他对仕途更是冷了心。回到会稽不久,他的侍中一职也被罢免,正好落个无官一身轻,就专心一意纵游山水,打算在这草泽之中了此一生。他专门设计了一种"曲柄笠",带有弯曲的柄,可以紧系在脖颈上,既能够遮蔽阳光,又不容易被山风吹掉,上山下山俯仰低昂也不会脱落,看上去既有樵人农夫的野趣,也有高士名流的雅致。他还设计了一种登山的木屐,上山时去掉前齿,下山时去掉后齿,既省力气,又可以保持身体的平衡。当时人们称之为"谢公屐",标志着他对此项发明的专利权。

谢灵运游山玩水真是不惜工本,人数众多,声势浩大,气派不凡。有一次他与谢惠连等"四友",还带上数百名僮仆,从始宁县的南山出发,浩浩荡荡,逢林开路,遇水架桥,不知不觉进入了附近的临海郡内。临海太守王琇闻报,以为是一帮打家劫舍占山为王的山贼侵入,急忙亲率军队前往抵御,近前一问,方知是大名鼎鼎的谢灵运,这才放下心来。谢灵运游兴正浓,邀请王琇一道同游,王琇不肯,他赠给王琇一首诗,说什么:"邦君难地险,旅客易山行。"

谢公屐痕,踏遍了山山水水;谢公诗痕,也留在山石林泽之间。他与谢惠连、何长瑜等人有一次来到现在的福建东部一带,那里有一个深而清澈的孤潭,传为春秋时欧冶子铸剑的地方,故名"欧冶池"。池中有一块巨石耸立,池旁有一棵古老的大栎树,他们便合写了一首连句诗刻在石上,标示着他们曾经到此一游。不过,这棵老栎树连同他们的诗句,现在已经荡然无存了。

谋反疑案与弃市广州

如果没有什么事变,谢灵运也许会真的在这山光水色之中游放终生。但他天生是一个不安分的人,永远不会顿悟成佛,因为无论他如何精晓佛法玄理,在内心深处却从未割断尘缘俗累。在朝他忘不了权势,在野他又忘不了家业。此次回到会稽,他仍然继续开拓始宁墅的庄园,开山浚湖,兴建不已。后来,他竟然向朝廷上要求把会稽城东的一个回踵湖赐给他决水为田,宋文帝刘义隆令孟颛酌情处置,孟颛当然不肯。不得已,他又求取始宁县内的岯崲湖,孟颛仍不答应。这样他与孟颛之间的裂痕更深了。孟颛见他常常兴师动众,闹得百姓不安,便上书告他心怀异志,意图谋反,同时调遣部队,严加防守。谢灵运得知这个意欲置他于死地的诬告后,哪敢怠慢,连忙飞奔京师,到朝廷为自己辩白。

刘义隆对谢灵运虽有不满,却爱重他的才华,也深知他不过是放荡任性的一介文人而已,还不至于兴兵谋反,也没有谋反的胆量和本领,发发牢骚、说说气话狂话倒是可能的。所以也不予深究,只是加以安抚,让他暂且住在京城。恰巧此时《大涅槃经》传到京都,但译文过分粗糙质实,便让谢灵运与僧人慧严、慧观等润色加工。谢灵运既有文才,又通佛典,《大涅槃经》经他一改,比以前通畅、省净多了,连僧人都称赞他"文章秀发,超迈古今"。

宋文帝在谢灵运官职安排上颇费踌躇,做京官既不能使他满意,回会稽又与孟颛顶牛,权衡之下,便任命他为临川(今江西抚州)内史。谢灵运见无路可走,只得接受,便于年底乘船溯江西上,奔赴任所。那是元嘉八年(431年),他已经47岁。

到了临川,他仍然不改那放纵脾气,加上始终有一股怀才不遇的不平之情,便依旧肆游山水,不理政务,与任永嘉太守时一样。不闹出什么乱子,他是不肯罢休的。果然他的行为被监察官员弹劾,司徒刘义恭便派人到临川拘捕他。他见自己已被逼上绝路,一怒之下,反过来扣押了来人,并索性一不做二不休,写下一首反诗,以明其志:

> 韩亡子房奋,秦帝鲁连耻。
>
> 本自江海人,忠义感君子。

他在诗中自比为反秦复韩的张子房(即张良)和不肯帝秦的鲁仲连,

说自己本是无意政治的江海隐者,但感动于张、鲁二位君子的忠义之心,也要奋起反宋复晋。这不过是他书生气的狂话、气话或冠冕堂皇的话而已,他何曾真的忠于东晋! 不只是他,所有的谢氏子弟,甚至所有的世家子弟,哪一个曾经为恢复晋室挺身而出? 哪一个曾经为晋室的覆亡有动于衷?

谢灵运当然是不堪一击的,很快被擒住押到京师。这次是真正谋反了,有言有行,铁案如山,他的政敌坚主把他杀掉。不过宋文帝刘义隆仍然宽大为怀,他知道谢灵运这种疏狂文人虽容易冲动,却掀不起什么大浪,不同于谢晦的手握重兵并懂得机变。谢晦及其子侄八人被杀尚记忆犹新,他也不愿过分刺激谢氏子弟,再加上谢灵运文名很大,又是前代功臣谢玄之孙,便把他降死一等,从轻发落,流徙广州。真是一人有罪,鸡犬遭殃,他的儿子谢凤以及不过二三岁的孙子谢超宗,也随同来到当时还很荒僻的广州。

此后不久,有一位官员因事路过涂口(今江苏六合县瓜埠口)附近的桃墟村,见有七个人在路边鬼鬼祟祟,行踪可疑,便派兵把他们逮捕,其中一人供称谢灵运的同党要他劫取谢灵运,然后聚众谋反。图谋未成,流落为盗。这很可能是谢灵运的政敌所设置的陷阱和诬罔不实之词,但事情的真相到底如何,已经永远难以弄清了。反正不管如何,案情总归是很快报到朝廷上去了。宋文帝虽将信将疑,也不愿再为谢灵运祖护,便下令在广州就地斩首弃市。临刑时他还作了一首绝命诗,最后两句是:

恨我君子志,不获岩上泯!

那是元嘉十年(433年),他48岁。

谢混生前对"亲侄"们"风流由尔振"的勉励,在谢灵运身上又落空了。他的失败在于传统性的名士疏狂之习,这种疏狂在晋时则可(如谢鲲、谢奕、谢万等),在宋则不可,可谓不识时务。

以词赋为勋业

刘宋之后的谢氏再也不能建立军功殊勋,只能在词赋文学上成就勋业,谢灵运便是其荦荦大者。壮志不成纵游山水把他造就为伟大的山水诗人,命运实在无常,既误人而又成全人。

元嘉之雄

《诗品》给谢灵运以"元嘉之雄"的桂冠,荣列上品。元嘉是宋文帝的年号,为时既长,又是刘宋文学最繁荣的时期,人才如林。其实岂只在元嘉,即使在整个南朝和全部古代文学史上,他也可以跻身最出类拔萃的诗人之林。

据传谢灵运十分推重曹植,曾说:"天下的才华共有一石(十斗),曹子建独占八斗,我得一斗,余下的一斗天下人共分了。"他说这话未免太自负,小觑了天下人;他说这话又未免太自谦,高抬了曹植。其实他的文学、学术才华与成就,并不在曹植之下。

谢灵运原有诗文集20卷,已经散佚了。现存诗约100首,赋约10篇,还有一些其他形式的作品。

令人吃惊的是他还有那么多的其他著作,涉及到文学与学术的各个领域。属于历史学的有《晋书》36卷,属于地理学的有《游名山志》一卷、《居名山志》一卷,属于文字学的有《要字苑》一卷,属于目录学的有《四部目录》64 582卷。另外,他辑录与编纂的诗文集有:《赋集》92卷,《诗集》50卷,《杂诗抄》10卷,《诗英》9卷,《回文案》10卷,《七集》10卷,《连珠集》5卷。

他在这个世界上只活了48年,可谓"著作等身"。他用一支如椽之笔,给谢氏家族争得了光荣。

"轻薄"诗人的沉痛内心

谢惠连与谢灵运同年死去——他是病死的,仅仅27岁,所以《诗品》惋惜他"兰玉凤凋,长辔未骋",说他虽像芝兰玉树,却过早凋谢了,文学才华未得以充分发挥。他是一位早逝的青年诗人。

前面说过,朝廷上因谢惠连在父丧期间写轻薄绮艳的诗赠人,对他实行禁锢,不准用他做官。幸亏尚书仆射殷景仁赏爱他的才华,又与他父亲谢方明是故交,便在宋文帝面前为他开脱说:"现在流传的那几首什么'乘流遵归渚'的诗,臣小时候就已读过,不可能是谢惠连所作。"宋文帝本就无意纠缠这种小事,也就顺水推舟,解除了对谢惠连的禁令,这样他才当上了彭城王刘义康的参军,那已经是与谢灵运共作"山泽之游"以后的事了。

谢惠连似乎是一个无行的"轻薄诗人",但翻开他的作品会发现,他原来并不是一个全无心肝的人。他有他的抱负,有他的追求,也有他的苦恼。他的作品感情是很沉痛的,并没有一点轻浮的纨绔之气。也许那些有纨绔之气的绮靡之作,都已经像浮草一样被岁月的逝川漂尽了,而只剩下沉甸甸的铁石?他也决不是没有头脑的轻薄少年,对世事的洞明观察,并不在看不起他的乃父之下。

谢惠连原有文集 6 卷,现在存下的诗,连同完整的和残缺不全的都计算在内,还不到 40 首;另外还有赋和其他作品。

他的诗以《秋怀》《捣衣》两首最出名。《诗品》很欣赏这两首诗,说即使才华富艳的谢灵运精心结撰,也未必能够超过。《捣衣》有汉乐府民歌风,写一位妇女在秋夜月下捣衣寄远。开头"白露滋园菊,秋风落庭槐",说露珠儿凝结在后园消瘦的菊瓣上,如剪的秋风剪落了庭院里的槐叶,也许她还听到促织哀鸣,归雁悲唱。这一切都提醒她:秋天真的已经到了,该给那远在万里服役的丈夫寄送寒衣了。事不宜迟,想到做到,她立即乘着一天皓月,踏着满地光华,端衣走出,于是四围都听到了她那笃笃的捣衣声。最后二句"腰带准畴昔,不知今是非",这些衣服都是她亲手制作,瘦肥还是按照原先他在家时的尺寸,也不知现在可还合体否? 看,即使这种抒写儿女之情的作品,也没有丝毫轻佻佻薄,有的只是一片纯情,一腔关爱。

《秋怀》则是抒写个人情怀的悲秋之作。从他别的诗篇可以看出,他曾经有一番抱负:"翔驰骑,千里姿,伯乐不举谁能知?"(《鞠歌行》)他自况为千里马,遇不上伯乐那种识才的慧眼,于是:"余独何为志无成,忧缘物感泪沾缨。"岁月空迁,一事无成,感物生忧,潜然泪下。《秋怀》也是写感物生忧的,不过感情更为深沉。"夷险难预谋,倚伏寐前算",人生之路平坦或是险恶很难预测,祸与福互相倚伏纠结也无法前知。他已经从政治斗争的高处看待人生进退。后面几句更为沉重:

金石终销毁,丹青暂雕焕。

各勉玄发欢，无贻白首叹！

连金石之坚都终将毁灭，连丹青之色也为时不长，人又如此难于预知未来祸福，把握命运，那就不如放任情性，纵酒赋诗，趁着这玄发红颜的年轻时光，免得白首时空落下生活的遗憾。这位"轻薄子"的心灵多么悲怆！

但更加消沉的是他著名的《雪赋》，满是与世升沉同流合污的庄周思想。赋中写道：请看那纷纷飘飞的雪花吧，它们并不执着于自己的追求，而一任命运的摆布，随物而赋形，落到方的东西上是方的，落到圆的东西上是圆的，落到白的东西上是白的，落到黑的东西上也随之成为黑的，决不坚执什么贞洁，固守什么节操。人生亦应如此，"纵心皓然，何虑何营"，听凭命运的发落，何必去苦苦思虑，思虑又有何益！年轻的谢惠连这些颓废的想法，一方面与当时险恶政治有关，另方面也可看出谢氏家族到了此时更露出下世的光景，只能去倚附手握重权的强者，何论他是黑白方圆！他的祖辈虽然纵情放诞，却还没有这种发自心灵最深处的悲凉与颓丧。即使谢灵运，他的悲怆也没有如此沦肌浃髓。惠连诗赋中所表述的这一切，才是谢氏家族走向没落的真正"危言"。

有如此彻心彻骨的悲苦，如此无可救药的绝望，他如何能不夭折！

"文学馆长"谢元

刘宋以后谢氏子弟在文学上崭露头角，有的还彪炳于文学史册，并不是甘心情愿的。中国古代愈是有才华的文人，愈是不甘"以词赋为勋业"，前如曹植，后如李白，但最终仍不过是文人而已。谢灵运始终不甘心做文学侍臣,结果还是以文学家的面目出现在当时与后世。谢惠连何尝不志在青云,结果只做了几年微末的小官,便像流星般消失了,只在文学史上被与族兄谢灵运合称"大小谢"。他们在政治上显赫的时代已经一去不返了。无论是历史的风会,还是他们本人的风流气质,略近审美的生活态度,以及骨子深处的老庄价值取向,都注定他们最宜于成为文人。

带有象征意味的是,这时他们中出了一个"文学馆长"。

元嘉十五年(438年),朝廷上在建康北郊设立儒学馆,由当时的硕儒雷次宗主持。第二年又增置了三个馆:玄学馆,由何尚之主持;史学馆,由何承天主持;文学馆,由谢元主持。

这在中国文化史和文学史上是一件不可忽视的大事。从先秦一直到晋代,文、史、哲不分,"文学"一词往往包罗各种学术和典籍。四馆的设置,说明文、史、哲在人们的观念中已经明确分了家,它们的不同特性已为人们所认识,文学已经从其他学术中分化独立出来,成为现代意义上的"文学"。这是"文学自觉"的一个鲜明标志。无独有偶,大约也在此时左右,历史学家范晔所作《后汉书》首次专设《文苑传》,从文学家角度为文人单独立传,是过去的史书所未曾有过的。这也是同样观念的反映,都标示着当时人们的认识水平。

第一次主持"文学馆"的,恰恰是谢氏子弟谢元。

谢元在《宋书》和《南史》都无传,事迹不能详悉,只知他是谢灵运的从祖弟,父亲谢球,祖父是谢玄的兄弟,名字不详。另外从《宋书·何承天传》还可知道,他以才学见知于上,后来任尚书左丞,与御史中丞何承天不和,彼此盯住对方,伺机弹劾。当时的太尉刘义恭生活奢侈,入不敷出。元嘉二十一年(444 年)。刘义恭提请预支明年俸禄,此事归谢元主管。根据规定,凡支出钱 20 万以上必须奏请朝廷。谢元却自作主张,擅自拨给他钱 200 万。谢元显然是在巴结讨好刘义恭,因为他已任命为刘的谘议参军。此事被何承天发觉,当然狠狠奏了一本。宋文帝大怒,把谢元遣返乡里,终身不复起用,谘议参军不必说没当成。谢元以牙还牙,临行也告了一个御状,说何承天以高价卖给下属 470 捆马草,中饱私囊。何承天被降职处分,而谢元后来就死在乡间。

谢元原有文集一卷,现无一篇文学作品传世,在各种文学史料上也未见提及,显然并无很高的文学才华。但不管如何,他毕竟当过首任"文学馆长",也许是唯一的一任,成为文学走上自觉时代的一个标志。从这点说,他应当也是谢氏的光荣与骄傲。

传统的"变体"

在谢混寄予厚望的五个族侄中,还有一个重要人物是谢弘微。这五侄中,若论事功,则谢晦称首;若论文学,则谢灵运为先;若论处世,则谢弘微最优。

不负所望

谢弘微是谢氏传统在"新朝"的一个变体,他有效调节了自己的文化心理结构,以适应新的环境,避免了谢晦、谢灵运那样的结局。同时,他这种变异了的精神与行为模式又被传承下去,维持谢氏门户于不坠,而始终得以"王谢"并称。即此而论,他可以说是刘宋以后谢氏家族最重要的人物。

入宋后,谢弘微为镇西参军。不过他的主要精力都花费在管理谢混的产业上。

早在晋末谢混被杀后,其妻晋陵公主奉旨被迫与谢家离婚,改嫁琅邪王氏。那时她的两个女儿尚且年幼,不能自立,便将家事托付给年轻老成办事严谨的谢弘微。谢混祖父谢安、父亲谢琰都为公爵,一门两封,家财十分富有,田业共十几处,佃客、奴仆成千人。谢弘微当时不过20岁出头,接过这么大的摊子,深感叔母托付之重,信赖之深,便兢兢业业,一丝不苟,一切都公事公办,即使一文钱的支出,一尺布的收入,也一笔笔记在账上,清清楚楚,明明白白。入宋以后,晋陵公主仍然心系谢家,挂牵她的两个女儿。刘裕觉得她节义可嘉,又觉得有点儿愧于谢混,便准予她仍回谢家。至此,谢弘微替她当了近十年管家,房屋修葺得整整齐齐,无一漏损;田地经过开垦,比过去还有所扩大;粮食满仓,器物充盈;主奴上下也秩序井然,与以前没什么两样。谢弘微把这一切归还给叔母,晋陵公主十分感动,亲戚朋友们无不赞叹,有的甚至为之流涕。晋陵公主对人说:"他叔叔在世时最看重他,可以说有知人之明,在九泉下也该瞑目了。"

又过了十多年,晋陵公主也去世了,撇下一笔巨大的财产。亲友甚至外人都认为谢弘微劳苦功高,应该分得一份遗产,家中的资财可归于谢混的两个女儿,田宅婢仆应归谢弘微所有。谢弘微非但分文不取,还拿出自家钱财为公主营葬。他的妻儿受他熏陶,也无一人计较财产。此时,谢混的两个女儿早已出嫁。大女婿殷叡是个赌徒,他见谢弘微豁达大度,不重钱财,竟把妻妹和别人应得的一份也拿去偿还赌债。有个亲戚很不平,劝说谢弘微不能过分慷慨,天下任何事都该有个规矩,理应自取的也不必推辞。谢弘微只是笑而不答。还有人当面讥笑他说:"谢家的累世财产,竟都充当了殷某的赌资,这不是拿着金银财宝往海里扔吗?天下竟有如此不公道的事!自己为落得个清白名声,叫家中妻小跟着受穷,恐怕也不足为训吧。"

谢弘微正色道:"天下最可鄙薄的事情,莫过于亲戚争夺钱财。连我内人都不计较,我岂能领这个头?我即使分文不取,恐怕也不至于饿死。财产是身外之物,身死之后,有何相关!"

清人俞正燮苛责谢安说的"子孙好坏,与我何干"的话惨刻寡恩,是老庄释家思想的糟粕,同时他也苛责了谢弘微这里所说"身死之后,有何相关"。看来"遗子千金"的观念,使他到了是非不分的地步。谢弘微在这里的所作所为,才不失为清高、磊落、超脱。

晋陵公主与谢混合葬之时,谢弘微抱病前往。谢混的坟墓启开了。他死去已整整 20 年,棺木却还未朽坏。谢弘微想起当年乌衣之游的情景,想起叔父对自己的格外赏爱,想起他那绝世风华,不禁失声痛哭,致使病情转笃,终于一病不起,时年 42 岁。谢混若地下有知,也当说他确实不负所望吧。

弘微平生唯谨慎

谢弘微是与谢灵运同年死去的,他的哥哥谢曜则死得更早一些。到这一年(433 年)为止,谢混当年赠诗勉励"风流由尔振"的五个族侄,已经零落殆尽了。

在五侄中,谢弘微无疑是最不负谢混所望的,这不仅指他兢兢业业管理财产而言,更主要是指他的仕途,他对谢氏门户的延续。

其实他并未做过显赫的官职,他真正的政治生涯应是从宋文帝时代开始的。宋文帝诛杀徐羡之、傅亮、谢晦以后,作为对谢氏的一种补偿和安抚,起用了谢灵运,同时也擢升谢弘微为黄门侍郎。这是皇帝的近侍,掌管机密文件,以备皇帝顾问,所以地位很重要。他那谨严的作风,也最适合于此种官职。由于他兢兢业业,清醒明晰,与王华、王昙首、殷景仁、刘湛五位甚受宋文帝信重,时人号为"五臣",共掌机要。后来宋文帝又提升他为尚书吏部郎、右卫将军,官吏臣僚的任选,全都委任于他。谢灵运梦寐以求的"参与机要",他却不求而自得了。不过,这在谢灵运是求之唯恐不速,在他却是避之唯恐不及。

谢灵运的特点是空疏狂诞,谢弘微的特点是严谨端审。《宋书》本传上说谢灵运"为性褊激,多愆礼度",说谢弘微"性严正,举止必循礼度",这是二人的分水岭,也是谢氏家风发展的一个分水岭。说谢弘微是一个变体,就变在"循礼度"上。试想他之前的谢氏诸人,除硕儒谢衡之外,何有评为"循礼度"者?晋宋之际的变化,这也是一个标志。谢弘微一改前人的散诞作风,在长辈面前总是衣冠整齐,在婢仆面前不苟言笑。哥哥谢曜喜欢臧否人物,谢弘微总是拿别的话题岔开,不肯言人短长。

后来,谢弘微被任为太子中庶子,兼为侍中。他平生唯求素淡官职,生怕权势太重,为人所嫉,便坚辞侍中,宋文帝只得免除其中庶子一职,唯任侍中。这便是他的"止足"之道。为侍中时,每有上书,必亲手誊写,事后将草稿焚毁,唯恐别人看到。

谢弘微也有谢家子弟追求豪奢舒适的特点,不过对于容易招人议论的服饰他不很讲究,与其他谢家子弟的"衣冠磊落"不同,他极其考究饮食滋味,后来终于传了出去,连宋文帝都晓得其膳馐之美,特意到他家吃饭。事后,当家人问起皇上爱吃什么,饭量如何等,他总是支支吾吾,顾左右而言他,始终避而不谈。其小心谨慎,以至于此!

谢弘微死前,曾把家人叫到床前,反复叮嘱:"家中有两箱文件,我死之后,你们把刘湛请来,当面把文件烧毁,万勿私自打开!"原来箱中盛的都是宋文帝平时写给他的手书,内中当然有许多不可泄漏的"天机"。失去如此忠谨可靠的臣子,宋文帝十分痛惜,诏命千人为他营葬。

弘微平生唯谨慎。《宋书》的作者齐梁人沈约评他为"简而不失,淡而不流",简要而不失于疏略,淡泊而不流为消沉,所以可与"古之名臣"媲美。在谢混最看重的五个族侄中,谢灵运、谢晦最急于重振风流。谢灵运疏狂而多违礼度,落得个身首异处的可悲结局;谢晦精进不已,权势过重,而又干预皇家之事,结果也弄得身败名裂,家破人亡。谢弘微何尝不想重振风流呢?但他个性本就严谨,又能审时度势,决不敢有丝毫的疏狂之处,也决不使自己的权势太重。谨慎、止足、"必循礼度"的谢弘微在刘宋时的谢氏子弟中仕途最为顺利,足见时势已不同于晋代。

谢弘微是南朝时期谢氏家族的重要人物,虽然他没有真正重振风流,因为谢氏昔日的风流已不可复振了。谢弘微的重要在于他是谢氏家风在升沉异势的南朝时期转变的关键,即从任情放诞转向"止足",转向"内情外礼"。变中自有不变者在,不变者便是心灵深处的老庄身影,因为"止足"正是从《老子》"知足不辱,知止不殆"的教示中来的。谢弘微的重要还在于他有几代"佳子孙",他们以"止足"的应世态度,总算把谢氏风流延续到南朝之末。刘宋以后谢氏家族的历史,主要是谢弘微子孙的历史。

"风流领袖"谢庄

当谢弘微去世的时候,他的儿子谢庄还只有 13 岁,是谢氏家族的新一代。前面所讲的入宋的谢氏子弟,都是谢庄的父辈和祖父辈,他们生活在刘宋前期。而谢庄一生多数岁月,是在这个王朝后期度过的。

谢庄是上天的宠儿,命运的骄子。造化不仅打发他投生在谢氏"华宗"和"名臣"谢弘微家,还赋予他标致的风姿,聪慧的头脑。这其中的任何一项都可令人艳羡不已,谢庄却兼而有之。他的风华大约可与谢混相比。宋文帝一见他便赞叹道:"都说蓝田出产美玉,看到谢庄,方知此话不虚!""蓝田"自然喻谢氏家族,它出了那么多风神飒爽的"芝兰玉树",所谓"谢家兰玉真门户"。

谢庄的美貌很讨宋孝武帝刘骏赏爱。两晋南朝喜欢以貌取人,"后才先貌",刘骏尤其如此。他一上台就在百官中挑选了四个标致的任侍中,作为侍奉他的"花瓶",首先就是谢庄。有一年春节,群臣上朝给刘骏拜年,此时纷纷扬扬下起雪来,那片片雪花犹如翩翩银蝶,飞满阶墀,飞满雕栏,一切顿然宛如银镶玉砌。此时谢庄恰巧因事下殿,回来后雪花满衣,就更像那"肌肤若冰雪,绰约若处子"的藐姑射仙人了。刘骏觉得这一切都是祥瑞的征兆,预告着一个祥和的新春,便命群臣各赋雪花诗一首。谢庄本人也作了一首,一直保存到今,当然免不了歌功颂德。刘骏大喜,赐给他一件名贵的貂裘,谢庄又写了一篇谢恩表,也保存下来。

谢庄有天赋的才华,敏捷的文思,华美的词采。有一次河南献上一匹"舞马",刘骏诏令群臣作赋,谢庄作的一篇最好。刘骏又让他作《舞马歌》,令乐府歌唱。还有一次一位藩王献上一只美丽罕见的红鹦鹉,刘骏又令群臣各作一篇《赤鹦鹉赋》。有位叫袁淑的官员甚有文才,援笔便成,拿给谢庄看。此时谢庄也已写就,袁淑读后,不禁自惭形秽,对谢庄说:"江东倘没有我,你便是第一;倘没有你,我便可以独步。"不过他的赋再未好意思拿出示人,大概觉得"崔颢题诗在上头"了吧。谢庄的《赤鹦鹉赋》却流传至今。

当时人们把谢庄看作文坛的权威和作品的裁判者。有一次,诗人汤惠休与吴迈远为各自作品的高下优劣争得面红耳赤,不可开交。汤惠休说:"何必争论,我诗可为你诗的父亲!"这不是高出一辈、不可同日而语了吗?吴迈远自然不服,拉他去请谢庄评判,谢庄说:"惠休诗虽高明一点儿,不过也不很悬殊,只能算是兄长而已。"意谓汤比吴不过高出一头罢了。这个评判得当与否姑置不论,以辈分尊卑论诗的高下倒颇新鲜,在当今五花八门的文学批评流派中也尚未见到。

谢庄不仅名满江南,而且远播北方。元嘉二十七年(450年)北魏派尚书李孝伯出使刘宋,一位镇军长史与他谈判,他特别询问谢庄的情况。那时谢庄刚满30岁,可谓具有"国际声望"了。

谢庄原有文集19卷,内含诗文共400余篇,现在只留下诗十五六首,文二十四五篇而已。其中颇多应诏侍宴之作,点缀升平,歌功颂德,虽能得一时的口称,却难得千古的首肯。不过有篇《月赋》却写得很好,当时便已著名。据说有一次孝武帝曾问颜延之——那时他已是年逾花甲的老者:"你以为谢庄《月赋》如何?"颜延之说:"好固然好,只是'隔千里兮共明月'谁人不知,难道天下还会有两个月亮?"孝武帝将此话传给谢庄,谢庄应声答道:"颜延之《秋胡诗》确实不错,只是'生为久离别,没为长不归'哪个不晓,难道人死还会复生?"《月赋》有一种梦幻般的凄迷情调,特别是末尾的"明月之歌":"美人迈兮音尘缺,隔千里兮共明月,临风叹兮将焉歇,川路长兮不可越!"意境绵邈,惆怅低徊,令人遐思。

谢庄多才多艺,是当时的"风流领袖"。他曾将《左传》的纪年体改为国别体,可谓创举,惜乎今已不存。他擅长绘画,精通音乐,曾依谱填词,写过许多乐府雅乐歌词,用于宗庙祭祀,至今还存有十余首。他还通晓音韵,懂平、上、去、入四声,这在当时是极为罕见的,故曾得历史学家范晔的称赞,说是"年少中,谢庄最有其分"。钟嵘《诗品序》也说,对于四声之论,当时"唯见范晔、谢庄颇识之耳"。而如所周知,协调四声平仄,是唐代以后格律诗的第一要件。

谢综之死

范晔后来因卷入一场弑君的阴谋而被处死,其中穿针引线的是他的外甥、谢氏子弟谢综。谢综是谢述的长子,晋末谢氏子弟"飞鸟各投林",谢述投靠了刘裕,入宋之后他升为左卫将军,以谨慎畏祸见称。有一次雍州刺史张邵犯法当斩,谢述上表陈说其祖上的功德,请宋文帝从轻发落。宋文帝本就无意杀张邵,便顺水推舟,予以宽大。事后谢述对谢综说:"我的上表正合了皇上的心意,张邵才幸免一死,并非我的恩德。所以万万不能传布出去,侵夺了皇恩,为自己树惠,害莫大矣!那上表的底稿,不可保存。"于是他便让谢综当着他的面,一把火将草稿化为灰烬。

谢述如此谨慎,谢综却因参与谋反被杀。元嘉十七年(440 年),大将军彭城王刘义康被贬为江州刺史,出镇豫章。有位员外散骑侍郎孔熙先足智多谋,能说善道,因为其父曾得到刘义康的恩遇,便秘密游说,集结力量,打算杀掉宋文帝,拥立刘义康上台。他先设法结识了谢综,后又通过谢综取信于范晔。范晔时为太子詹事,在这帮密谋者中地位最高。他对朝廷本有不满,便渐渐被孔熙先的三寸不烂之舌所动。元嘉二十二年(445年)九月,他们密谋趁宋文帝出宫为人饯行之机动手,因故未成。十一月被人告发,范晔、孔熙先、谢综等人被捕。

范晔博学多识,在狱中写过一首诗,说"虽无嵇生琴,庶同夏侯色"。嵇生即嵇康,夏侯即夏侯玄,二人都是曹魏时人,为司马氏所杀。嵇康临刑不惧,弹奏一曲《广陵散》;夏侯玄也颜色不变,举动自若。范晔说自己临刑前虽无琴可挥,但也将如夏侯玄那样面不改色。可是真到临刑,他却有些失态。他第一个被押出监狱,回头问外甥谢综:"今日杀头,当以官位大小为序吧?"谢综揶揄说:"杀贼先杀头儿嘛。"来到刑场之后又问谢综:"时辰快到了吧?"谢综笑道:"自然不会太久。"亡命饭送来后,范晔大吃大喝,并劝谢综。谢综说:"又不是生病,吃也不会康复,免不了一死。"当执法官问罪犯是否想与家人诀别时,谢综说:"诀不诀别,有何两样!哭哭啼啼,令人心烦。"范晔却执意要见家人。他的妻先走上前,一面流泪抚摩也将就刑的儿子,一面责骂范晔牵累老母妻儿,范晔只是干笑着赔罪。然后他的老母上来又打又骂,范晔只是愧悔无语。最后当他的小妾来诀别时,他却泪流满面。谢综在一旁挖苦他说:"舅舅这可算不上'夏侯色'了。"范晔这才收住眼泪。谢综的母亲恨儿子作孽,不肯见他,谢综倒也坦然,范晔说:"我姐姐不来看你,倒比看好。"

与谢综同时被杀的,还有他的二弟谢约。小弟谢纬因未直接参与密谋,妻子又是宋文帝之女长城公主,故只流徙广州。他便是南齐时大诗人谢朓的父亲。

宦海风波

论辈分,谢综是谢庄的族叔。谢综被杀之时,谢庄 25 岁,已经出仕。他才地俱华,自然仕途顺利,到 33 岁之前已任太子刘劭的中庶子之职。他虽生当皇室父子兄弟相互残杀最为酷烈之时,不少重臣名士做了殉葬品,他却安然无恙,终其天年,身后也很荣耀,谥号"宪子",追赠金紫光禄大夫,女儿成为刘宋末代皇帝宋顺帝的皇后。

不过谢庄在长期的宦海生涯中并非没有风波,有时甚至遇上惊涛骇浪,却都化险为夷,也许命运在这方面也对他特别垂青?

元嘉三十年(453 年)二月,太子刘劭听说宋文帝打算将他废掉,另立太子,便先发制人,率心腹数十人夜间突袭,杀死宋文帝,自立为帝,改元"太初"。至此,所谓元嘉之治结束了,刘宋王朝开始江河日下。谢庄原为刘劭的中庶子,现在刘劭既已由太子成为天子,谢庄便转为司徒刘义宣的左长史。三月二十七日,刘劭的三弟武陵王刘骏时为江州刺史,手握重兵,听说父亲被弑,便传檄四方,声讨刘劭,并将檄文密送谢庄,请他在京城内宣布。谢庄深知刘骏既有重兵,又名正言顺,得到各地响应,声势浩大,刘劭肯定不能持久,便将檄文抄写了几份,在京邑内秘密张贴,并派心腹到江州向刘骏表示忠诚。五月四日,刘骏攻入建康,杀死刘劭等人,自己登位,成为宋孝武帝。谢庄此举虽冒了风险,却把大势看得很清楚,显示出他政治上的精明。

不过谢庄也并不是进取不已的人。险恶的政局,父亲的影响,都使他心怀止足,在仕途上适可而止。刘骏践位后,谢庄以自己的忠心与才貌被选拔为侍中,第二年升任左卫将军,旋为吏部尚书。刘骏极其重视这个官职,说它负责官员选拔,关系到国家的兴衰,并说做上这个官职的人便可谓"显贵"。谢庄却不愿过分显要,搅入人事纠缠的漩涡,便以多病为由推辞,刘骏不允。他不得已勉强做了两年,终算辞掉。不过刘骏对他始终信重,几年以后,仍命他再度荣任此职。

　　谢庄遇到的最大的政治风浪是在晚年,几乎使他遭到灭顶之灾。他42岁那年,孝武帝宠妃殷淑仪病亡。她原出身贵族,颇有教养,又美貌异常,善解人意。她的死使刘骏极度悲伤,精神恍惚,无心政事,每晚睡前先到她灵前祭奠。谢庄见他如此多情,便写了一篇《殷贵妃诔》奉上,他读后赞叹道:"不意当今之世,竟还有如此大手笔!"诔文一经皇上褒扬,传出之后,士人竞相传抄。不过谢庄在文中却犯了一个智者千虑的用典错误,其中"赞轨尧门"一语典出《汉书》,本是赞美汉武帝的宠妃赵婕妤的。赵婕妤的儿子刘弗陵后来当了皇帝,即汉成帝。但殷淑仪却没有生下这样一个贵为天子的儿子,把此典用在她身上是把她抬到了太后的地位,显然不当。这个似小实大的疏失一般人是不会经意的,作为当事人的东宫太子刘子业却很敏感,十分恼火,这不是在贬低他和他母亲吗?不过父皇尚在,他只得隐忍。过了三年孝武帝逝世,他一登上皇位,大权在手,便变本加厉报复起来。他先是痛恨父皇生前不喜欢他,意欲扒掉皇陵,被人劝住,便在坟墓上堆满粪便,并破口大骂,以泄心头之恨。堂堂皇室,竟演出如此丑剧!转而他又憎恨备受宠幸的殷淑仪,掘开她的坟墓,捣毁刘骏为她修造超度的新安寺。对谢庄自然也不会放过,派人责问道:"你当年写《殷贵妃诔》时,眼中尚有太子没有?"他打算杀掉谢庄,幸而有人给他出主意,说谢庄从小生在富贵之家,养尊处优,杀掉不过须臾之痛,不如先让他备尝铁窗苦味,再杀不迟。出此计者无论本意如何,却成为谢庄的缓兵之计。不久,刘子业因树怨太多,被手下人杀死,拥立刘彧为帝,是为宋明帝。谢庄的事自然成为一场化险为夷的虚惊。

第二年(466年)谢庄病逝,时年46岁。

申韩之术

在魏晋以来的庄老玄学风气中,先秦法家申不害、韩非的法术思想一向为放浪形骸的名士所不齿,讥之为"刻薄伤化"。谢氏尤以老庄传家。而谢庄几次重要上书议政,却明显表现出法家思想,甚至不讳言申韩之术。这种现象,透露出社会政治思想悄悄演化的消息,谢氏子弟也不能不为时势所动。

孝武帝刘骏上台不久下"节俭诏",命节省公私开支,皇室贵戚不得与民争利,经营商业。谢庄对此十分赞成,却担心不能认真执行,流为一纸空文,便上书说:"此诏一发,深得民心。倘若有人违背,都应严加制裁。如果废法申恩,势将成为空文。窃以为不仅贵戚,凡大臣之在位者,尤不得与民争利。"其中"废法申恩"一语,是先秦法家人物反复强调的为政之大忌。主张严格执法而不加宽贷,在法令面前无私恩可言,是法家思想的要义,儒者斥法家为惨刻寡恩,正是指此而言。

第二年谢庄又上书广开门路,搜求人才,对人才的推荐和任用,也要验之实事,赏罚分明。他建议普令大臣,各自举荐所知人才,交付有关部门酌情任用。如果确实称职,便应奖赏举荐者;倘不称职,则连同举荐者一并处罚,重则免官,轻则降职。被举荐者也应按情况轻重,在一定期限内不再录用;如犯下死罪,举荐者则应受刑事处分。这个建议也有明显的法家思想,近于先秦法家所实行的"连坐"之法。

　　大明元年(457年)，谢庄又上书主张改革刑狱。他说刑狱中有不少弊端，有的官员严刑拷打，造成许多冤狱，犯人无辜被杀，家族含辱负耻。他曾经亲自审讯过八名重囚，初看他们的罪状，无不死有余辜，但细加审理，却发现全属无罪。他建议今后凡是重囚，县里审定，报告郡府，并将囚犯一起送上，由朝廷派官员审核，如仍不能决定，送交最高司法部门——廷尉，"必令死者不怨，生者无恨"。上书最后说："臣学暗申、韩，才寡治术，轻陈庸见，惧乖国法。"这可谓"此地无银三百两"，其实他正是熟谙申韩之术、深明法治之道的。

风、月、景、山、水

　　谢弘微"举止必遵礼度"，谢庄杂用申韩之术，这么说来，这父子二人岂非成了"礼法之士"？其实并不，他们心灵最深处盘踞的仍是老庄的幽灵。前面说过，谢弘微仕宦中的主导思想是"止足"，这正出于《老子》之学。谢庄虽比乃父较为大胆较为进取些，但也有浓厚的止足思想，并不使自己权势过重。另外，六朝名士在为政时好用黄老之术，而黄老与申韩也有内在联系。

　　从他们为儿子所取名字这种小事上，可以窥探他们深层细微的心理状态。

　　古人为儿子取名，往往蕴藏着其人生态度、生活理想与价值取向。三国时魏国王昶为四个子侄所起的名字分别为：王默字处静，王沈字处道，王浑字玄冲，王深字道冲，并明明白白告诉他们，这是要他们终生终世随时随地顾名思义，时刻遵循老庄玄静冲默的处世态度，不可违越。

　　谢弘微为儿子取名"庄"，单独看来，当然不好作牵强解释，但联系其字"希夷",就不难判断其用意。"希夷"二字出自《老子》:"视之不见名曰夷,听之不闻名曰希。"用之于人的行为,便是要清虚淡泊,不露锋芒,无声无息。由此看来,谢庄之"庄"显然是取老庄之"庄"。谢庄后来也确以精通《庄子》著称。当时有位琅邪王氏子弟王僧虔曾写信给儿子,告诫他要认认真真读书,不可自欺欺人,急于做那种有名无实的麈尾谈士,否则,"设令袁令命汝言《易》,谢中书挑汝言《庄》,张吴兴叩汝言《老》,端可复言未尝看邪?"袁令即袁粲。宋明帝在华林园讲《周易》,袁粲为执经,可见他深明《易》学。张吴兴所指不详。谢中书即谢庄,可见他是当时精通《庄子》的代表人物。

谢庄为自己的儿子所取的名字,立意就更明显了。他有五子,分别取名为谢飏、谢朏、谢颢、谢㟧、谢瀹。当时人说,谢庄以风、月、景、山、水(指各名字的偏旁部首)命名儿子。谢庄期望儿子们超越世俗、希心山水之意,并不能掩住时人眼目。而这正是一种老庄心态。

所以我们说谢弘微父子是谢氏家风的变体,并不是根本改变,而仍保存着这个家风的基本因素,他们只不过用礼法以应世,用老庄以处己,适应改变了的政治环境。

谢庄去世时离刘宋之亡只差 13 年,一位像刘裕一样出自寒人的英雄萧道成已经崛起,虎视眈眈觊觎着宋鼎,终于演出周而复始的禅让一幕。于是谢庄之子,那些已长大成人为官为宦的风、月、景、山、水们,又随之进入新的朝代。

第六章　狂狷人生

戎州昔乱华,素景沦伊谷。　　阽危赖宗衮,微管寄明牧。

长蛇固能剪,奔鲸自此曝……　　平生仰令图,吁嗟命不淑。

——谢朓《和王著作融八公山诗》

时　　间:齐至梁初,约公元 479—506 年(谢朓死)。

主要人物:谢朏,谢超宗,谢朓。

谢混的三位族侄中，谢晦灭门绝后；谢灵运虽也被杀，子孙却存活下来；身名俱荣的谢弘微不用说子孙绳绳。也许由于"遗传基因"的作用，也许由于后天的习染熏陶，谢灵运的后代都空疏狂诞，多违礼度，而又躁于进取，与灵运如出一辙，可称之为"狂者"；谢弘微的后代多外示礼法，内存止足，有所不为，有弘微之风，可称之为"狷者"。这样，在共同的族风下又呈现出相异的门风。

这两支的升沉荣辱也大为不同。谢灵运的子孙结局都不善，谢弘微的子孙则仕途显荣，成为谢氏家族在南朝的主流与支柱。在《南史》中，谢灵运与谢晦、谢裕、谢方明及各自的子孙后代放在同一卷中，而谢弘微及其子孙后代则独占一卷，卷末史家还说他们是"积善之家，必有余庆"，于此也可见心理、行为的随时调节对适应、生存的功效。

但疏狂虽不免杀身，止足也仅能保家，所以即使谢弘微一支也未能重振谢安时代的风流，并且远不及较倾向儒术的琅邪王氏兴旺。王氏多进取，谢氏多退避。故《南齐书》王氏单独立传者共 16 人，谢氏仅 3 人；《梁书》王氏共 17 人，谢氏仅 6 人；《陈书》王氏 7 人，谢氏 3 人——那时他们已共同走到了黄昏时光。

谢朏：谢安的"倒影"

在谢庄的风、月、景、山、水中，其佼佼者是"月"——次子谢朏（音斐）。《梁书》本传说他"内图止足，且避实事"，显然传承了祖父谢弘微的风格。

众目所瞩的"小月亮"

不过他又令人想起谢安。他曾把谢安的"东山精神"与炫目地位,象征性地再现过一次。在齐梁以后的谢氏子弟中,他的政治地位最高,曾经做过一品高官,这一点与谢安相同。而从皇帝那里得到的恩宠与殊荣,却比谢安有过之而无不及。但他不过是谢安的"倒影"。从"倒"的方面说,谢安先栖逸山林而后出仕,他则历经宦海而后栖息江海。从"影"的方面说,他晚年的无上显贵并非依藉自己的才干,而是依藉因缘际会,以及名家子孙的庇荫;他并没有什么实际建树,更无谢安那样的实际功勋,所谓"且避实事";即使他曾被称为"拂衣东山",那"东山"二字也不过是比喻性的,并非谢安所盘桓的那个东山,更没有谢安当年的东山风流与色彩。他被史家讥为"全盗虚声"。"虚"就是"影"。

他是一位三朝元老,活了66岁,从刘宋后期,中经齐代,一直活到梁初。他历经沧桑变化,亲历目睹了两个朝代如何打上休止符号,两个朝代又如何崛起。也许正是这种阅历,使他"内图止足,且避实事"。

正如他的名字一样,他从小便是众目所瞩的"小月亮"。10岁能写诗作文。有一次谢庄带他与名士一起游山玩水,让他当场赋诗,他援笔立就,有位名士向谢庄称赞说:"贤子真可谓神童,前程不可限量!"谢庄也为有这么一个天才的儿子骄傲,情不自禁抚摩着他的脊背说:"真是我谢家的千金!"

宋孝武帝刘骏上台时,他14岁,谢庄被选拔为侍中,很受刘骏信重。刘骏爱好文学,听说谢庄有这么一位宝贝儿子,便令带着他随御辇一起出游姑孰。在游过一个岩洞之后。刘骏命他写一篇《洞井赞》,他当场就交了卷。刘骏读罢也赞叹不已,说:"确是一位奇童!"

谢朓才能出众，门第高华，早有美名，官运亨通，37岁以前就历任法曹行参军、太子舍人、中书郎、卫将军长史、临川内史等职。37岁那年，军国重臣萧道成杀掉胡作非为的皇帝刘昱，立刘准为帝，即刘宋的末代皇帝宋顺帝，年方11岁。又立谢朓的侄女为皇后，也不过12岁。萧道成为骠骑大将军，执掌朝政。选拔谢朓为自己的长史。不久，谢朓又奉命入侍宋顺帝，任侍中，与另外三人号为"天子四友"。

第二年，萧道成进位太尉，仍以谢朓为长史，想把这位门第高华的名士引为心腹。萧道成已经位极人臣，大权在握，党羽满朝，看来篡夺分明是不可避免了。

又到改朝换代时

公元479年，谢朓39岁。三月，萧道成封为齐公，加"九锡"——这是将要篡权的信号，与当年刘裕将篡晋位的情势一模一样，真是周而复始，如法炮制，当时的历史就是这样循环着，蹒跚不前，只有朝代名称的更换和皇帝姓氏的改变，看不出任何实质性进步。

果然，萧道成在紧锣密鼓策划着这样一场和平过渡。他的政敌已在此前全部扫荡，他的心腹、那些与他出生入死的寒人将领已完全控制了兵权，现在就需要一位有名望的世家子弟来为他拉开大幕了。他早就看好了人地俱华的谢朓。

但谢朓却装聋作哑。有一天夜里萧道成将他请到府上，在密室中谈古论今，有时把话题扯得很远，有时却突然拉得很近，暗示谢朓主动捅破那层薄薄的窗户纸儿。谢朓明知他既要做贼，又要把别人当作一面冠冕堂皇的大旗，偏偏不肯替他说穿心事。萧道成抬头看到两个童子在室内举烛照明，以为谢朏有所顾忌，便把他们打发走，亲自执烛。现在室内只剩下二人，真是天知地知你知我知了。但谢朏仍一言不语，二人不欢而散。

倒是琅邪王氏子弟王俭主动来投合他的心思，找了一个机会向他密语道："萧公功高如天，岂可久居人臣之位？"萧道成口上喝令他不得乱说，面上却露出喜色。聪明的王俭岂能被瞒住？便为他出谋划策，随之又起草了禅让用的各种例行公事的文件。王俭当时只有二十七八岁，精通儒家的"三礼"（《周礼》、《仪礼》、《礼记》），从小便有宰相之志。我们说王氏能够勇于进取，不失时机，王俭与谢朏的行为便是一个对照。

但王俭虽出自头号高门，毕竟年轻，名望不够，萧道成还是想争取谢朏，又与他谈论魏晋禅代的旧事，开导启发，谢朏却不以为然。这一次，萧道成对他由失望变成不满甚至忌恨了，于是便撤去他的长史之职，改任侍中，以王俭为自己的长史。

准备了不到一个月，禅位的日子就到来了。宋顺帝已经 13 岁，吓得到处乱躲，还是萧道成的心腹王敬则把他找到，硬逼出宫。王敬则是个武人，倒能直截了当说出颇富哲理的警句："躲什么，你祖上刘裕当初对司马家，不也如此！"顺帝哭道："愿后身世世代代永不生在帝王家！"

此时谢朏正在值日，外面发生的一切他都佯装不知。他是侍中，在这种禅位场合理应传递玺绶。果然，萧道成令人来传唤他，他说："齐自有侍中。"说罢拿出枕头躺下。传令者为他担心，建议他假托生病，他却说："我有何病！"便径直走出宫门，登车回府了。萧道成无奈，只好临时以王俭代为侍中，解去宋顺帝的玺绶，演完了这台过场戏。萧道成的儿子萧赜（音责）请把谢朏杀掉，萧道成大约顾及他资深名高，便随他去了，只是废免了他的官职,五年之内,不得起用。

谢朏不肯附和篡逆的萧道成,有人称他是宋王室的忠义者。也许他未始没有这种情绪,他的父祖都是宋朝的名臣,侄女又是顺帝的皇后。但更主要的恐怕是他对世事已经冷了心。他看的太多,宋王朝后期残酷的杀戮他全都遇上了,自己幸而保全。他不愿搅到这种你篡我夺的权力争斗中去,要力避实事,连"将一家物与一家"也懒得应付。

此中只宜饮酒

像谢朏这种才地俱华的人物是不好不用的。起初主张杀掉他的萧赜在永明元年(483 年)登位成为齐武帝以后,立即起用他为散骑常侍,不久又升到他的旧职——侍中,那时还不到五年的禁锢之期。四年之后,出为冠军将军、义兴太守,在郡不管杂事。过了三年,又被征入朝廷,为中书令。

隆昌元年(494 年),后来成为齐明帝的西昌侯萧鸾,正密谋废除身居皇位的郁林王萧昭业。政局复杂紧张,朝臣人人心中有数,不少人积极附和,参与策划,特别是琅邪王氏子弟王晏尤为卖力。此时谢朏已 54 岁,把世事看得更透,心情更加冷漠了。朝廷上要再次任他为侍中,他坚辞不受,要求出任地方官员,远离这争权夺利的是非之地,于是便改任他为征虏将军、吴兴太守。

诏书一下,谢朏刻不容缓,立即动身赴任。他的小弟谢瀹(音跃)此时正任吏部尚书,前来为他送行。二人来到长江边上的征虏渚,即将分手,他指着弟弟的口说:"此中只宜饮酒。"到了吴兴之后,又托人捎给弟弟几坛好酒,一封书信,信中叮嘱:"尽情饮酒,莫管人事。"

谢瀹是谢庄最小的儿子,在风、月、景、山、水中占得一个"水"字。对二哥的叮咛他自然心领神会,牢记心怀,无日不以酣饮为事,在壶中日月里栖身。

这年七月二十二日,萧鸾等率兵进入宫中,杀死郁林王萧昭业。谢瀹当时正与客人下棋,听说此事,佯装不知,每着一个棋子,口中还念念有词,说什么"其当有意",也不知指的是棋局还是政局。直到局终,才回到卧室躺下倒头便睡,自始至终竟未置一词。

萧鸾后来自立为帝,即齐明帝。当时政局仍然混乱,谢瀹便称病不朝,整日在家饮酒。后来明帝设庆功宴款待群臣,王晏显得极为活跃,因为他在不久前发生的宫廷政变中是积极人物,对齐明帝推奉不遗余力。事成之后,进号骠骑大将军,擢升为侍中等要职,晋升公爵,赐予家兵千人,真是备极荣耀。此时他自然以佐命功臣自居,俨然是当仁不让的群臣之首。谢瀹冷眼旁观,见他那得意忘形之态,不禁觉得可笑可鄙,便想与他开个小小的玩笑。当他站起祝酒之时,群臣也连忙起立,唯有谢瀹纹丝不动,反而对明帝说:"陛下登基,可以说是应乎天命,顺乎人心,王晏岂非贪天之功为己有吗?"明帝对王晏的举动其实已有反感,听了谢瀹的话,哈哈大笑。宴会之后,王晏请谢瀹一同乘车回府,想加以安抚笼络。谢瀹正色说:"俗谓狡兔三窟,王公的巢窟又在何处?"谢瀹的警戒之词,王晏哪里听得进去,后来果然因居功自傲被杀。

谢瀹同谢朏一样,也是有所不为的"狷者",这也并不完全来自谢朏的熏染告诫。他与居士何点是莫逆之交。何点是齐梁之际极负盛名的隐者,虽生自贵族豪门,却身着布衣,脚踏草鞋,隐于吴郡虎丘山上,号称"通隐"。谢瀹则是朝隐,二人心有灵犀一点通。谢瀹还好佛教,通佛理,齐武帝修造禅灵寺,碑文便出自他的手笔。老庄加上释理,是他狷介行为的思想根源。

谢瀹没有活到梁代,死在二哥谢朏之前。

"东山":一个借喻

谢朏为吴兴太守,不理政务,却很留意聚敛财富,把这个"佳郡"弄得很糟,受到士林的讥笑,他却不屑意。大概他已断绝了仕进之心,要积攒一笔财物作为三径之资。早在为义兴太守时,他就萌生了退隐之心,在写给王俭的一封信中说:士人最可贵的是栖逸山林,凌气餐霞,其次才是建功立勋,辅弼朝廷。看来他与先辈谢万《八贤论》的观点一致,也是以隐者为优而以显者为劣的。现在,他觉得隐遁的时候已经到了。

齐明帝建武四年(497 年),他 57 岁,朝廷上免除了他的太守之职,召入京中为中书令,谢朏趁机拒不应命,只把几个儿子打发回京,表明并无异心,自己与老母留在吴兴,在城西建了一所房子居住下来,打算终老此处。有位当朝的国子祭酒何胤本有退隐之志,听说谢朏拒诏不出,也断然辞掉官职,回到家乡会稽隐居起来。二人在当时齐名,传为美谈。东昏侯永元二、三年(500、501 年),朝廷两次召征二人入京任高官,都被拒绝。

在南朝频繁的朝代更迭中,萧齐王朝尤为短命,前后不过 23 年。此时,这个小朝廷已经到了穷途末路。东昏侯也确实名实相符,昏乱不堪,竟把金子凿成莲花铺在地面,让宠妃在上面行走,美其名曰"步步生莲花"。公元 501 年,后来成为梁武帝的萧衍在襄阳起兵,次年攻入建康,杀死东昏侯,立萧宝融为齐和帝,自任相国,控制了军政大权。他想起那些高尚不仕而声望甚高、影响甚大的逸民，为树立恩威，便上表朝廷，请召谢朏、何胤入京。表中说二人"拂衣东山，眇绝尘轨"，超越了尘俗的功名富贵之心，起到了矫正薄俗的作用，所以他们"虽在江海，而勋同魏阙"。虽然评价如此之高，但二人仍然抗表不出。

何胤姑置不论。对于谢朏来说，"东山"不过是个借喻而已。他晚年在吴兴屡召不出，与谢安早年在东山屡召不出有表面相似之处。但在谢安那里，东山是充满生活情趣的名士风流的象征，是他年建功立业的养精蓄锐之所。而谢朏的吴兴，不过是东山所投下的一个倒影。

华彩的尾声

正像谢安终于出山一样，谢朏也终于从江海回到了魏阙。

公元 502 年 4 月，萧衍迫使齐和帝禅位，建立梁朝，践位为梁武帝。不久，他又下诏征辟谢朏、何胤两位高隐，并在朝廷上留出高官重职，虚位以待。二人仍坚持不出。萧衍也很执着，派出一名朝廷官员亲自到二人的隐所宣旨敦请。何胤仍不为所动，铁了心隐居终老。谢朏大概觉得盛情难却，于第二年六月乘着一叶轻舟来到建康，向萧衍当面陈情。萧衍大喜，当即下诏任命为侍中、司徒、尚书令。此时他已 63 岁，腿脚不很灵便，萧衍便破格请他乘着小车，在台城北隅的皇家园林华林园中相见，畅谈良久。

第二天，萧衍又御驾亲幸谢朏的住处。宴饮之中，谢朏一再陈诉自己年老多病，以及终老山林的素志，请求归隐。萧衍哪里肯放！谢朏不得已，只得请求东归吴兴拜迎老母，然后回朝效力，这才见允。

谢朏临行那天，萧衍亲率群臣前来饯行，并带头赋诗送别。现在还保存着的当时的文坛领袖兼佐命功臣沈约的一首《侍宴谢朏宅饯东归应诏诗》，便是对这次饯行的记录。诗中有"夏云清朝景，秋风扬早蝉"之句，描写节候与风景，看起来那正是夏秋之交，已经开始生出了一些凉意。

谢朏迎老母回京后，萧衍又下令为他在乌衣巷旧址重建府第。这样，谢朏得到旷古罕有的殊荣，在他生命交响乐的尾声谱出一曲华彩乐段。

同谢安一样，谢朏也做到宰相的高位。他死后葬礼的规格与谢安不相上下，甚至谥号也相似：谢安为"文靖"，谢朏为"靖孝"。但史书上说他身居宰辅之后，"职事多不览，以此颇失众望"，并未像谢安那样支撑起朝廷的危局，保住江左的半壁江山，因而他终究在历史上默默无闻，远无谢安那种永存的声名。

历史常常有相似之处，但历史不会重演。历史有时虽然会把昔日的光荣虚幻地再现一下，却是为了宣告这种光荣毕竟已经过去。

谢朏有两个儿子，值得一提的是其次子谢譓，不过他也没有什么实绩，只留下两句有名的话："入吾室者但有清风，对吾饮者唯当明月。"他说出了谢氏的一贯家风。

谢超宗："灵运复出"

如果说谢朏兄弟是"狷者"，谢超宗则显而易见是个"狂者"。

谢超宗是谢灵运的孙子。谢灵运被流放广州时，殃及池鱼，儿子谢凤、孙儿谢超宗也随同流徙。那时他不过二三岁。谢灵运在广州被杀，谢凤没几年也年纪轻轻病死异乡，谢超宗随母亲在当时还很荒僻冷落的岭南度过近二十年的光阴，才得允回来。艰辛屈辱的生活，似乎并未消磨掉他从祖父那里承袭下来的才气与狂气。

由于上面的这段波折，谢超宗出仕已经很迟，那正是宋孝武帝刘骏时代。刘骏的宠妃殷淑仪死后，谢超宗与谢朓之父谢庄同时作《殷贵妃诔》，也受到刘骏的称赏，说"谢超宗之才，可谓灵运复出"。"灵运复出"四字，无意间道破了谢灵运一支的门风。

谢超宗的文学才华虽远不能与乃祖相比，不过在当时也算是佼佼者了。他能诗善文，兼精雅乐。大约南齐刚建、谢朓尚未免官时，萧道成降旨令褚渊、谢朓、孔稚圭、谢超宗等十位才臣撰写郊庙歌词，交卷之后，萧道成唯独看中了谢超宗的作品。现存南齐的雅乐歌词，大多出自他的手笔，计有《南郊乐章》12 首、《北郊乐歌》6 首、《明堂乐歌》15 首、《太庙乐歌》16 首。

在疏狂与违礼方面，谢超宗更是"灵运复出"。他喜欢饮酒，恃才傲物，讲话尖刻，行为不检。萧道成有一天召见他，言谈中提及收复北方失地之事，显得有点踌躇满志。谢超宗刚刚喝过酒，有意无意给萧道成泼了一盆凉水："冰冻三尺非一日之寒，北边的事就是如来出世也无可奈何了。"萧道成很恼火，把他贬为南郡王中军司马。谢超宗心怀不满，逢人便戏言自己荣任"司驴"。这些牢骚话被人报了上去，萧道成便彻底免了他的官职，废为庶人，禁锢十年。

谢超宗非但不闭门思愆，反而牢骚更盛、怪话更多了。司徒褚渊有一天乘车送客，突然桥梁断裂，落入水中；仆射王俭一次乘牛车外出，牛突然受惊，他仓惶中赤脚从车上跳下。此二事恰巧都被谢超宗碰上，他见两位达官贵人的狼狈相，便幸灾乐祸，拍掌大笑道："真是落水三公，堕车仆射!"此类刻薄话还所在多有,自然得罪了不少权贵。

　　谢朏与谢超宗都被萧道成禁锢,齐武帝萧赜上台后同时被起用,谢朏为散骑常侍,谢超宗执掌国史,俱为京官。谢朏虽比他年小了十多岁,但见他如此不检点,私下里也常常劝诫,他却听不进去。他同乃祖谢灵运一样,不甘心做终老笔砚间无权无势的文字工作,心怀愤愤。这年五月,他的儿女亲家、功臣张敬儿被杀,他甚为不平,暗地对一位官员说:"真是去年杀韩信,今年杀彭越,哪个知道明年又会杀谁!你打算怎么办?"这话颇带煽动性,被密报上去,萧赜大怒,下令将他流徙越州(今四川西昌)。行至半路,又赐其自尽。

　　谢灵运流放广州,谢超宗流放越州,一个东南,一个西南,结果殊途而同归。从这点说,谢超宗也不愧为"灵运复出"了。

进退失据的谢朓

　　在南齐的谢氏子弟中,势位不煌赫于当世,而声名远播于后代的,是谢朓。

　　谢朓又是一种心态。他不属于狂者,也不属于狷者,却又有几分狂,又有几分狷,依违迟疑,首鼠两端,弄得进退失据,结果身首异处。

常恐鹰隼击

　　论年龄,谢朓比谢朏小了二十多岁;论辈分,却是谢朏的族叔。谢朓的两个伯父谢综、谢约在刘宋时因参与以范晔为首的政变活动被杀,父亲谢纬被流放广州,在那里生活了将近十年才返回京城。谢朓虽出生于父亲返京以后,没有尝到流放荒蛮之苦,但对于这段血染的家史不会不晓得,也不会不在幼小敏感的心灵中留下可怖的阴影,因而胆小畏祸,略近于狷者之风。

但出众的文才,诗人的气质,又使他带有一点狂气。比如他轻视权贵江祏的为人,以"带二江之双流"之类怪巧言词嘲弄江祏兄弟,最终死于江祏之手。

谢朓与族叔谢灵运在文学史上齐名,合称二谢或大小谢,是各种文学史课本上不可不讲的人物。他有些事迹也与谢灵运相似。谢灵运在刘宋时急于进取,结好爱好文学的庐陵王刘义真为进身之阶,二人气味相投,过从甚密,引起非议,结果被出守永嘉。谢朓在南齐则追随随王萧子隆。由此可以窥见他深心其实也是意图进取的,并不一味畏祸退缩。萧子隆是齐武帝萧赜的第八个儿子,爱好文学,颇有才华,萧赜曾向人炫夸他是"我家之东阿(曹植)"。

永明八年(490年),萧子隆出任镇西将军、荆州刺史。谢朓作为他的僚友,也随之来到荆州,时年27岁。萧子隆经常与文士们谈论文学,吟诗作赋,谢朓那超人的才华尤得他的垂青,二人常作竟夜长谈。同谢灵运一样,谢朓对这位知遇也终生不能忘怀,后来写了不少诗文感念此事。其实无论庐陵王刘义真还是随王萧子隆,谢灵运、谢朓在他们眼中不过是文学侍臣、空疏文人而已。

但此事却引起别人的嫉视猜忌,暗中向齐武帝奏了一本,说谢朓年轻浮躁,会把萧子隆带坏。于是武帝便下旨命谢朓回京,硬是把他与子隆拆散。谢朓在回京途中写了一封信给萧子隆,说自己"揽涕告辞,悲来横集"。又写了一首诗给荆州的同僚,诗中有如下的名句:

> 常恐鹰隼击，时菊委严霜。
> 寄言蔚罗者，寥廓已高翔！

古语说："立秋之日，鹰乃击。"又说："鹰隼击，然后蔚罗设。"蔚罗，就是捕鸟的罗网。这四句的意思是说：我是多么担忧随着深秋降临，那一畦秀菊被风刀霜剑摧折，从而枯萎凋零！不过我可以告诉那些设下罗网的人，鸿鹄已在高远寥廓的云端翱翔，哪里会被你们轻易猎获！

显然他是在隐喻自己已脱离为人猜忌的是非之地，犹如候鸟般自由飞翔。

他似乎有点过于自信，以他的诗人之性和幼稚的政治经验，哪里能够逃脱政治斗争的天罗地网！不过"常恐鹰隼击"的一个"恐"字，倒确实贯穿了他短促的一生。

谢宣城

谢朓回京后，做了几年中书郎等朝廷官职，于齐明帝建武二年（495年）出任宣城太守，时年 32 岁。

谢朓之有宣城，犹谢灵运之有永嘉。不过他不像谢灵运出守永嘉时那样愤愤不平，而是有一种轻松、解脱之情。那时南齐王朝已经到了末期，朝廷上刀光剑影，矛盾重重。此前一年，萧鸾先是杀了郁林王萧昭业，立新安王萧昭文为帝，旋又自立为帝，即齐明帝。在这二度废弑过程中，虽然不少人连带被杀，矛盾并没有完全消除。谢朓胆小，口讷，不善周旋，脱离开险恶丛生的朝廷，他是求之不得的。他在一首诗中说此行是："虽无玄豹姿，终隐南山雾。"传说南山有只黑豹，隐于浓雾之中，七日不食，皮毛光泽，身体瘦瘠，因而不像肥猪那样被人捕食。谢朓自以为虽无黑豹那种美姿，却也算隐遁潜藏起来了。所以他把宣城当作隐居之所，过着亦官亦隐的生活。

宣城西临长江，郡中有不少佳山丽水，名胜古迹。谢朓作为富于美感的诗人，作为家风所钟的谢氏风流子弟，也是非常怡山乐水的。初到宣城他曾对人说过："烟霞泉石，本来只有隐者方能得到，我一介官吏也能享有，真是三生之幸！"他的游踪虽不及谢灵运那么广阔，声势也远无谢灵运那么浩大，却也常常徜徉在山光水色之中，并留下不少为后人凭吊的胜迹，特别为大诗人李白所津津乐道。

谢朓一上任，便在府治东北的陵阳山顶营造居室，名为"高斋"，大概取其地势高、望得远之意。从窗口可以凭眺远山、江村。近处是一片小树林，到了黄昏，听到归鸟在那里和鸣。唐初，宣城士民怀念谢朓，在高斋旧址新建一座楼房，取名"北楼"，又名"谢公楼"。李白曾经登临此楼，缅怀这位前辈诗人："谁念北楼上，临风怀谢公！"这座北楼存在了1000余年，直到1937年秋才被日军的飞机炸毁。

离高斋不远，谢朓还建了一座小亭，在这里与朋友饯行话别，后人名之为"谢公亭"。李白曾经到此凭吊，感慨道："谢亭离别处，风景每生愁！"

宣城西北郊十多里的敬亭山是黄山余脉，绵延百余里。山势峻拔，林壑幽深，流泉鸟语，交响齐鸣。句溪、宛溪从山下蜿蜒流过，一清如镜。这里更是谢朓经常光顾的地方。

郡内当涂县风景尤为秀美，谢朓常到这里游玩、居住。县城东南郊的青山又叫青林山，周围环绕着姑溪河、青山河，他在山南麓修建了一座别墅，后人称为"谢公宅"。离别墅一里多路有个小池，方圆约半亩，中有赤鲤鱼长二三尺,后人号为"谢公池"或"谢公井"。唐朝曾把青山改名"谢公山",山下的青草市改名"谢公市"。这些遗迹,也是后代文人墨客经常流连吟咏的所在。李白凭吊谢公宅后吟唱道:"青山日将暝,寂寞谢公宅。"谢朓倘地下有知,应该是不感到寂寞的。李白由于生前"悦谢家青山",后人把他的墓迁葬到青山西北麓,长伴着他一生推许的这位诗人的遗踪。

谢朓的官职并不止于宣城太守,但后人仍愿称之为"谢宣城",因为宣城与他那些清丽的山水诗连在一起。人们纪念前人并不根据他的权势,而是根据他与众人心心相通的事业和精神,这才是光景长新的,并不会像权势那样短命。所谓"屈平词赋悬日月,楚王台榭空山丘",奥秘就在于此。

八公山:一个遥远的记忆

谢朓有一首《和王著作融八公山诗》,是出守宣城之前所作,值得注意。祖先的光荣常常凝结在有关的地方甚至建筑物上,成为一种象征,引发着后代子孙对这种光荣的记忆、想象与向往,影响着他们的心理,甚至形成家族的传统。

王融是琅邪王氏子弟,比谢朓小三岁,二人在当时齐名,《南齐书》中合传,成为一个鲜明的对照,不但可以看出二者之别,也可看出两个头号世族在南朝时处世态度的不同。王融慷慨好功名,自恃个人才华和家族门第,发誓要在30岁之内成为公辅,否则不得称为大丈夫。他才兼文武,曾上书请求率兵北伐,后因策划立竟陵王萧子良为帝,事败被杀,年仅27岁。他平生狂热进取,与谢朓依违退缩的心态完全不同;他的死出于主动谋事,与谢朓窝窝囊囊被杀完全不同。到了齐梁,谢氏与王氏相比更无自信,更加南风不竞了。

谢朓对现实失去信心,只有对先祖的光荣记忆在活跃着。八公山同淝水一样,都是当年谢氏子弟建立殊勋的标志。王融的原诗已经不存,但可想见,他既然写到八公山,无疑立刻触动了谢朓那根最活跃的神经,连忙和了一首。其中有六句说:

> 戎州昔乱华,素景沦伊谷。
> 阽危赖宗衮,微管寄明牧。
> 长蛇固能翦,奔鲸自此曝。

前两句指中原沦陷,京城洛阳犹如白日("素景")一样,沉沦到它附近的伊水、谷水之中。次联中"宗衮"、"明牧"都指他光荣的先辈谢安、谢玄等人,危难的东晋王朝倚赖他们得以支撑;如果不是他们像管仲那样英明("微管"),那么江左士民早已成为胡人的奴婢。第三联"长蛇"、"奔鲸"当然喻秦王苻坚之流,是谢家把这些异类击退、剪灭。

但这一切毕竟已经逝去一百年了,至于谢朓自己呢? 他在后面写道:"平生仰令图,吁嗟命不淑。"他只能徒然仰慕先祖的良图奇谋,而叹息自己命运不济,这也应是当时谢氏子弟共同的叹息。

当然在感叹之中也不是没有一丝进取的火花,否则连感叹的力气也不会有。

悲剧的下场

谢朓依违畏祸,而灾祸偏要追随他,靠拢他,不召而自来,推掉又复至。

齐明帝建武五年(498年),王敬则谋反。王敬则是开国元勋,为齐王朝立下汗马功劳。齐明帝末年大杀前朝老臣,也猜忌到他头上,所以他的谋反有点儿逼上梁山的意味。他又是谢朓的岳父,派人拉拢谢朓参与。谢朓深知这是灭门大祸,非同儿戏,便不顾翁婿情分,将来人逮捕,火速密报朝廷,将老丈人推上了断头台。齐明帝为了报偿他的大义灭亲,赏给他一个尚书吏部郎的美差。谢朓不惜密告岳父只为避祸,哪里是为了受赏,便多次辞让推却,齐明帝始终不允。

谢朓得到破格提拔重用,却永远失去了妻子的心,永远失去了人生这个最后的避风港。当妻子知道是丈夫断送了父亲、兄弟的生命,愤恨万分,身上常常藏着一把利刃,打算伺机杀死丈夫,为父兄报仇。谢朓再不敢与她同室。此事在士人中也颇有微词。

祸不单行。就在当年,齐明帝病死。临终,他托付侄子萧遥光、表弟江祏等人辅佐太子萧宝卷。萧宝卷即前面提到过的东昏侯。第二年,江祏等人密谋将他废除,推拥萧遥光为帝,并亲自与谢朓密谈,希望得到他的赞助。萧遥光本人也派出亲信笼络谢朓,欲引为心腹。谢朓怎么也料不到一波刚平,一波又起,足以使人灭顶的大祸对自己紧追不舍,纠缠不休,心中比去年那件事还要恐慌。他书生气,参不透政局,将此事私下对人讲了,请该人密告东昏侯。但福不双至,这次可没有吏部尚书郎之类的奖赏等着他了。萧遥光、江祏是朝廷上的实力派。那人不敢密告皇帝,却密报了这些谋主。萧、江等人先发制人,联名上书弹劾谢朓,反诬他"煽动内外,处处奸说",要求将他处死。他们对付一个谢朓,不过像捏死一只苍蝇那么容易!东昏侯不愧为"昏",哪有什么头脑!他立即降旨逮捕谢朓,关进大牢。就这样,他不明不白屈死狱中,年仅 36 岁。

死前,谢朓想到被自己密告的岳父,被自己伤害的妻子,愧悔不已,叹息道:"天道报应,真是分毫不爽!我虽未直接杀死岳父,岳父却因我而死。"

谚云:"苍蝇不叮没缝的鸡蛋。"两次密谋所以都看中了谢朓,恐怕他在畏祸退避之中,显然也有几分轻进之心。他周旋政治的技能,远远不能与练达、明智、经验娴熟的谢朏相比,只能与谢灵运殊途同归。

谢朓诗变有唐风

但谢朓在作诗方面却是娴熟的,政治家与文学家往往各有所擅。

中国古代诗歌发展到南齐,正在渐渐起着变化,一种新的诗体在孕育诞生之中。这先要归功于王融所拥戴的竟陵王萧子良。

萧子良是齐武帝萧赜的次子,地位既高,学问又好,人品端正,爱才好士,奖掖文学和学术,天下才士甚至释道都聚拢在他周围,讨论文学,研习佛理。特别是永明年间他移居京都鸡笼山(今南京鸡鸣山)西邸以后,出入那里的文人才士更多了,其中最著名的是沈约、谢朓、王融以及后来成为梁武帝的萧衍等八人,号为"竟陵八友"。他们在一起研讨诗歌形式的革新与创造,把汉字平上去入四声原理运用到诗歌写作中去,讲究平仄清浊抑扬高下,后人称为"新体诗"或"永明体诗",是中国古代格律诗的先声。其中,谢朓便是最杰出的一位。

古人说:"谢朓诗变有唐风。"又有人说:"谢朓之诗,已有全篇似唐人者。"这不光指他有些诗的声律已接近唐代的律诗,更指他有些诗的韵味、意境、风格已有唐诗的精醇优美,如《王孙游》:

> 绿草蔓如丝,杂树红英发。
>
> 无论君不归,君归芳已歇。

这是一首思妇闺怨诗。你瞧那绿草,生长着,蔓延着,犹似美丽而轻柔的丝绒;再瞧那一片耀眼的红花,灼灼开放在形形色色树木枝头。春光无限好,但无限好的春光显然已到迟暮时分。有首楚辞说:"春草生兮萋萋,王孙游兮不归。"这春草,这春花,不令人一样忆起远游的郎君?但心上的人哟,且莫说你归期全无着落,纵然你明儿归来了,这芬芳袭人的春色也该消歇了。诗中"绿草"、"红英",色彩对比得多么鲜亮,染抹出一派多么撩人恼人的春意!"君归芳已歇",消歇的难道只是春芳吗?消歇的实在是我们的青春呀!全诗精工清丽,酝藉淳美,平仄也较协调,放在唐人诗中也算得上上乘之作。

谢朓诗在齐梁时声望极高,沈约说是"二百年来无此诗",梁武帝说"三日不读谢朓诗,觉口臭",后人对谢朓诗评价也一向很高。

当然,谢朓的主要成就还在于山水诗,这是谢家诗人的传统题材和拿手好戏,将在后面专章叙述。

从联姻看谢氏的没落

西晋以来,士族阶层十分讲究联姻门当户对,把婚姻限于一个封闭圈内,一般不与庶族寒人通婚,这一方面可借以扩大家族政治势力,另一方面也为了保持高贵血统的纯洁性。这种联姻方式,称为身份内婚制。当谢氏还是一个新出门户时,谢衰曾为儿子谢石向世家大族诸葛氏求婚,遭到拒绝。后来当谢氏发展为头号世族,也很挑剔对方的门第。从晋至宋，谢氏的联姻对象全是世族，与琅邪王氏通婚尤多，还经常与皇室通婚，娶皇家的女儿或做皇家的媳妇。到了南齐，谢氏已明显走向没落，而不少寒微人物身冒矢石立下大功，成为地位显赫的开国功臣或大权在握的实力派，有的谢氏子弟为了寻求政治靠山和仕进之路，便顾不上高贵血统和脸面，不得不"下嫁"或者"下娶"了。他们此时有两出这种不顾门第有失身份的联姻。

一是谢超宗给儿子娶了张敬儿之女为妻。张敬儿出身寒贱，本名"狗儿"，弟弟叫"猪儿"，从小没读过书，粗鄙却有大志，在刘宋时曾自编过一首顺口溜教给儿童传唱："天子在何处？宅在赤谷口。天子是阿谁？非猪便是狗。"预言他们猪儿狗儿兄弟将当皇帝。后来因为军功，在齐朝当上车骑将军、开府仪同三司的一品高官。谢超宗本传上说他"愈不得志，娶张敬儿女为子妇，上甚疑之"，可知他正因为仕途问题才同"狗儿"通婚，连皇帝都怀疑他别有用心。

二是谢朓的岳父王敬则之母曾为女巫，本人年轻时卖过狗肉，做过小贩，因为好刀剑有武艺，追随萧道成，成为开国元勋，也做到大将军、太尉等一品官员。谢朓的母亲原是宋文帝的女儿长城公主，而谢朓却做了狗屠的女婿，这恐怕与他父亲谢纬曾被流放、家道衰微有关。

谢朓的儿子谢谟本与萧衍之女订了婚，后来谢朓被杀，萧衍又成为梁武帝，瞧不起谢谟门单户衰，便悔约将女儿嫁给琅邪王氏子弟。谢谟很伤感，写了一封诗体情书悄悄赠送给公主，被萧衍发现，读后也为之哀伤感叹，却终究未把女儿还给他，只是给他一顶小小乌纱作为补偿。

毋庸讳言，谢氏确实没落了，夕阳已经照临到乌衣巷口。

第七章　乌衣夕照

风定花犹落。

——谢贞《春日闲居》诗佚句

时　　间：梁、陈，公元 502—589 年。

主要人物：谢举，谢几卿，谢贞。

公元 502 年，齐和帝萧宝融把象征皇权的玺绶奉交给萧衍，梁朝于是开始。50 多年后的公元 557 年，梁王朝又在侯景之乱和西魏之侵的内忧外患中覆灭，取而代之的是寒人陈霸先所建立的陈朝——当然也经过"禅让"的过场，这是魏晋南朝朝代更迭的通例。这个小朝廷更加短命，仅仅维系了 22 年，连金銮宝殿还未坐暖，到公元 589 年就匆匆收场了。从此，建都于号称龙盘虎踞之地的六朝，便永远"金陵王气黯然收"了。

三世选部与三世狂者

梁、陈短短 80 余年的光景，可以说是魏晋六朝这个历史单元的黄昏。残阳在逐渐黯淡的过场中会突然迸发出灿烂的光芒，犹所谓"回光返照"。在梁、陈，这种回光返照便是梁武帝萧衍践祚后的三四十年光景。萧衍极富文才，以帝王而兼学者复兼诗人，撰述宏富，著作等身。他重视文教，儒释道兼容。为人勤勉，劬劳国事；奉己俭朴，以身作则；政策宽松，天下清平，是六朝难得的"好皇帝"，一时国家大治。《梁书》他的本纪说这"三四十年，斯为盛矣。自魏晋以降，未或有焉"。《南史》本纪也说这段时间"自江左以来，年逾二百，文物之盛，独美于兹"。那么，这真可谓"夕阳无限好"了。

夕阳余晖

生活在梁、陈时期的谢氏子弟，除活到梁初的三朝元老谢朏之外，都是谢衡的第九、第十、第十一世孙。他们中的主要人物仍然有的倾向于

"狷"，延续谢弘微一脉；有的倾向于"狂"，传承谢灵运模式；另外还有两位以孝子著称，也由来有自。

益趋式微的谢氏家族也有一个回光返照，那便是当时艳称的"三世选部"，为家族的黄昏平添了一抹亮色。"选部"指吏部尚书，负责官员的铨选升降，关系到朝廷治乱盛衰，素来为人所重。如前所述，谢氏在南朝时期以循礼而止足的谢弘微一支最为兴旺。谢弘微之子谢庄在刘宋曾两度担任吏部尚书。谢庄之子谢瀹在南齐也曾任此职。到了梁代，谢瀹之子谢览、谢举兄弟都曾为吏部尚书，谢举还前后任过三次，比祖父谢庄犹多出一次。所以《梁书·谢览传》说："自祖至孙，三世为选部，当时以为荣。"同书《谢举传》也说这是"前代未有也"。

不过似乎还可以再给他们增加一世，那便是谢庄的曾孙、谢朏的孙子谢哲，他在陈朝也荣任此职，这么说来该是"四世选部"，也可谓"夕阳无限好"了。

如果再广而言之，谢弘微在刘宋曾为尚书吏部郎，参与机密，不久转右卫将军，甚得文帝信重，"诸故吏臣佐，并委弘微选拟"。虽非吏部尚书，却行使着选部之权。当然说他家是"五世选部"，未免流于牵强。

即使"三世"也够荣耀了。与此恰成对照的是，齐、梁时期的琅邪王氏子弟却有"三世为国师"之称。王氏自南齐王俭，至梁时王暕、王承，祖孙三代均曾为国子祭酒。祭酒是灌输儒家思想的国子学校长，可以说是全国的老师，非精通儒学者莫属。这个鲜明的对照很可看出二者家风的显著差异：王氏愈益倾向儒学，故多出国子祭酒，谢氏则除西晋时的谢衡外，再无一人曾任此职。他们之多为吏部尚书，掌管选部，不知是否与倾向老庄，比较淡泊超脱，因而选人时较为持平有关？

谢有览、举

王、谢毕竟并称,他们的子弟也往往齐名。梁时士林流传着一句话:"王有养、炬,谢有览、举。""养"是王筠的小名,"炬"是王泰的小名;"览"、"举"即谢览、谢举兄弟。在时人眼中,他们都是王谢末世子弟中的佼佼者。谢览、谢举又被称为"二龙",是梁、陈时谢氏子弟中最有光彩的人物。这兄弟二人都风度翩翩,特别是谢览,美风神,善辞令,妻子是南齐的钱塘公主。梁武帝萧衍见他顾盼有神,意气闲雅,不由赞叹:"此人有如芳兰,想来当年谢庄便如此吧。"传统的标致,传统的风流,至末世而犹不改,真所谓"高帝子孙皆隆准,隆准自与常人殊"了。

兄弟二人都甚有文才。萧衍曾令谢览与王暕当场作诗互相赠答,都很令他满意,便即席口占一首赐赠二人:

> 双文既后进,二少实名家。
>
> 岂伊止栋隆,信乃俱国华。

"名家"即指王谢家族,他们的子弟无愧为国家的精华人物。谢举则在十四岁时赠诗沈约,为这位文坛领袖称赏不已,当时另一位大诗人任昉对他也很器重。

兄弟二人虽都是"国华",却也华而能实,为官颇有政绩,有点像祖父谢庄。

谢览曾为吴兴太守。当时有个朝廷权贵黄睦之家在吴兴,其子弟依恃朝中有人,在地方上横行霸道,为非作歹,几位前任都惧其三分,甚至讨好迎合,以求其"上天言好事"。当他们得知谢览即将上任,便采取主动,乘船迎逆。谢览却并不买账,将船赶走,并惩罚了那个向他们预报信息的人。从此黄氏子弟闭门不出,气焰收敛多了。初上任时,吴兴地区盗贼很多,官民不得安生,经谢览一番整治,社会秩序大有改观,他因而赢得一个"名太守"的美名。看来,他承袭了谢庄的"申韩之术"。

不过谢览决非锐意进取的人。恰恰相反,他所以不避黄睦之一类权贵,正是有止足思想。他曾与人约定做到侍中便止住,绝不升迁,而此职在出守吴兴前便已达到。他既于人无求,也就于人无惧——正好可以断了升迁之路。

谢举任地方官时政声更高,口碑更佳。他曾经三为一郡之长。先是任豫章内史,为政清宁和顺,很得民心。二是为晋陵(今江苏常州)太守,用《老子》"我清静而民自化"的治术,无为而治,使士农工商各守其分,安居乐业。百姓为其德政所感化,郡内秩序井然。后来他调离晋陵时,士民都依恋不舍,到朝廷请求为他立碑,得到许可。三是为吴郡太守,其前任何敬容政绩极好,被称为"天下第一"。可以想见,这比治理"乱郡"更不易讨好。不过谢举任内,政声与何敬容不相上下。何敬容以勤于政务、不避烦难著称,谢举想来还是用清静无为之术。

谢举也是心存止足的人。晚年身居朝廷要职,不过问政事,多次托病请求解职。萧衍不许,给假让他在家休养,他也就乐得逍遥闲散了。

谢举的为政方针和止足行为,根源于他的玄释思想。

最后的麈尾

历史的运行往往各方面步调一致。在梁代,清谈玄学也有一段回光返照。

兴起于曹魏正始年间的清谈玄学，曾经风靡了两晋整个士林。中经宋、齐，这股风气虽渐次减弱，但始终不绝如缕，到梁代更一度复盛起来。把《老》《庄》《易》总称"三玄"，就是梁代的一种提法，不过儒、玄、佛更加互相融汇、渗透、合流，清谈者也往往将此糅合一体。梁武帝萧衍本人便是个典型，他既提倡儒学，又好玄学，还是一位虔诚的佛教信徒。喜欢清谈的王公大人，在梁代更是大有人在。

这个时期的谢氏子弟中，最以清谈著名的便是谢举。《梁书》本传上说他幼好学，能清言。又说他博览多通，精熟儒学，而"尤长玄理及释氏义"。"尤长"二字，可见他心灵根源处乃是庄老释佛，儒学不过是应世之具，或者当作清谈的一个话柄而加以玄学化，并不准备付诸实践。

谢举笃信佛教，精晓佛理。在出任晋陵太守期间，他常常与名僧轮流讲论佛典，连当时的著名隐者何胤都从虎丘山远来旁听。他曾注释过佛教的《净名经》。《净名经》即《维摩诘经》，要旨是宣传达到解脱不一定非出家不可，关键是真诚笃实的主观修持，在当时和唐代都很流行，著名山水田园诗人王维字摩诘便由此而来。可惜他的注本已经失传。他宅内有处山斋后来舍为佛寺，里面的假山和人工泉池犹如天然，十分优美，可以想见此时的谢氏子弟已从游赏名山大川转向悦怡精巧的园林，胸怀更加闭锁狭小了。

谢举深厚的儒学修养，于一件小事可见一斑：当时有位从北方来的儒者卢广，在梁任国子博士，以善讲儒家经典闻名，朝野大臣名流也常来听讲。有一次谢举登坛与之论辩起来，析理精微，词锋机敏，使卢广衷心叹服，甘拜下风，并将自己所持的麈尾扇献给他。不过谢举所讲的儒学，已经玄学化了。

玉柄麈尾是清谈玄学和名士风流的象征,谢举是谢氏家族最后的一位清谈名士。还有一位谢几卿虽也擅长玄理,但比他早死了 20 多年。所以谢举手中所持的这把麈尾,作为一种象征物,可以说是谢氏这个名士家族的最后麈尾。

“超宗不死”

谢几卿是谢灵运的曾孙,谢超宗的儿子,毫不走样地传承了家风,是个任诞放达的“狂者”。

谢几卿大约比谢览还要大四五岁,是本章谢氏子弟中最年长的一位。不过他父亲谢超宗流徙越州时,他还是个不到 10 岁的孩子,侥幸未随父亲同徙,比父亲当年随祖父同徙岭南幸运。12 岁时召补为国子生,那还是齐代,文惠太子对国子祭酒说:“谢几卿本长于玄理,你可考他的五经。”结果谢几卿对儒家经典也对答如流。“本长玄理”四字,可见他的根柢仍是玄学,但已不能不向儒学让步,因为这是进入仕途的敲门砖。王俭听了他的回答,对人说道:“谢超宗可算不死了。”谢超宗曾被称为“灵运复出”,现在谢几卿又被称为“超宗不死”,真是一脉相承,可以说是“三世狂者”。

谢几卿之狂,比乃父有过之而无不及。

谢几卿在齐时已经出仕,后入梁。像谢灵运、谢超宗一样,他也抱怨自己官职低下,长才难骋,特别是不甘笔札之事,因而不理政务,行为随便,恣情任性,不守朝廷礼度。有一次参加朝廷宴会,酒未喝足,在乘车回家的路上经过一家小酒店,便沽酒与三位马伕当街对饮起来,市民纷纷聚拢围观,他却旁若无人,处之泰然。还有一天晚上在官府当班,酒瘾大发,便在腰间系上一条叫做"犊鼻裈"的围裙,与几个下属畅饮起来,吆三喝四,大声喧闹,被人弹劾免官,但不久又复起用。

梁武帝普通六年(525年),朝廷上派人率师北伐,他当时年已半百,也请求从军远征,意欲在战场上一显身手,博取功名,被任命为军师长史,还得到一顶威戎将军的军衔。他如此空疏狂诞,结果只能像他的前辈谢万那样一败涂地,又一次废为庶人。

谢几卿被免官之后,在京城家居赋闲。他虽纵酒放诞,却不像乃父那样出口伤人,所以人缘不错。昔时同僚好友常携酒来访,家中总是宾朋满座,樽中不空。当时,王氏子弟王籍、庾氏子弟庾仲容也都因纵诞免官在家,都是落拓不羁的文人和世胄,气味相投,更是他的座上常客。三人常乘无篷马车漫游郊野,饮酒取乐,喝醉之后,便胡乱摇着铃铛唱着挽歌而归。外界讥笑他们太不成体统,他们却毫不在乎,我行我素。

湘东王萧绎(后为梁元帝)当时镇守荆州,与谢几卿私交不错,曾写信加以劝诫,谢几卿回了一封长信,其中说:"鬼谷深栖,接舆高举,其人缅邈,余流可想。"显然他是以远古的隐士鬼谷子和"狂歌笑孔丘"的楚狂接舆自比,仰慕他们的风范,把自己的行为看做是隐于市,并以狂诞为自豪。

但谢几卿比谢灵运、谢超宗幸运得多。他虽然猖狂不已,还是得以善终。这一方面因为他只是自狂而已,并未涉及到重大敏感的政治问题,另一方面因为梁武帝对士人比较宽和优容,对这种狂士并不严苛深究。

"文学传"中人

谢几卿在当时以文学见称,在这方面也与谢灵运、谢超宗一脉相承,而且他的传记就在《梁书·文学传》中，不过这并算不上是他的光荣。古人重事功而轻文学。史家撰史，往往把事功方面无足道者置于文学传中，以示其不过是纯粹文人而已。谢几卿之前的谢氏子弟，纵使文学成就甚高，如谢灵运、谢朓以至于谢超宗，都无一在文学家传里，就因为他们至少与重大政治事件有关。谢几卿之入文学传，应是谢氏在政治上已无足轻重的标志。

谢几卿幼时有"神童"之目，长大后也颇有文采，当时有文集行世，不过留存下来的除载于本传上给湘东王的一封信外，连一首诗也没有，不但远不能望谢灵运的项背，连谢超宗也不如，在这方面也是每况愈下了。

载于《梁书·文学传》的谢氏子弟，还有一位谢徵（一作"谢微"），是大诗人谢朓的堂孙。他与文人裴子野等人相友善。裴子野曾赠他一篇《寒夜值宿赋》抒写二人的友情，他也作了一篇《感友赋》作为回报。

谢徵诗思敏捷，下笔成章。普通七年（526 年），梁武帝萧衍为元略饯行。元略原是北魏宗室，因朝廷内争投奔梁朝，受到萧衍优遇，封中山王，为任城太守。现在他见北魏政局好转，思念故国，要求北归。席间，萧衍令群臣赋诗为之送别，并限定"三刻"之内写诗六十句。谢徵只用了两刻便提前完稿，文词优美，内容贴切，萧衍反复吟诵，啧啧称赏。另外，谢徵还为临汝侯萧渊猷写过一篇《放生文》，当时也流行于世。谢徵死后，他的友人王籍曾将他的诗文编为 20 集刊印，后来都失传了，只留下一首应诏诗文，也不见得有何高明。

梁、陈时的谢氏子弟虽大多能文，却不但再不能建立谢安、谢玄那样的军政功业，也再无法写出谢灵运、谢朓那样永放光华之作，在文学史上留名的，一个也没有。文章由来关气运，谢氏家族的气数将尽了。

两世孝行

在梁、陈，还有两位谢氏子弟以动人的孝行闻名于世，并记录在史册上，成为谢氏家族黄昏的天宇上两朵别样的云霞，这便是谢蔺、谢贞父子，他们的事迹分别记在《梁书》《陈书》的《孝行传》中。他们又分别是谢安的八世孙和九世孙。如果从谢缵算起，则是谢氏家族的第十一世和第十二世了。

谢公家传至孝

历史的结构往往像最好的文章那么严密，前后照应，有头有尾。谢安，这位谢氏家族的代表人物，后世的承传关系本已不明。谢安有谢瑶、谢琰二子。谢琰一支到其子谢混被杀便断了香火，故谢蔺、谢贞必属谢瑶一支无疑。我们只知道谢蔺的父亲是谢经，曾为北中郎谘议参军，其他不详。他自然是谢安的七世孙，再前面三世默默无闻，已无从考察了。现在却突然跳出了谢蔺、谢贞，仿佛是有意为谢安做个交代。另外，谢贞在某些方面又回复到"初祖"谢衡，这似乎又是首尾相应了。

据《陈书》谢贞本传记载，谢贞的两位朋友为他的孝行感动，感叹说"谢公家传至孝"。这里说的"谢公"便指谢安。一个"传"字，说明孝也是谢安留下的传统。

"家传至孝"岂止谢安一支，大凡谢氏子弟都重"孝"，从而也都重"悌"。连那些放达任诞、纵情悖礼者，他们似乎已经勘破一切，却不能超越孝悌二字：

——谢尚父亲病逝后，虽还年少，却极为哀痛，号啕不已，见称士林。

——谢安之孝未见于记载，其"悌"却有明文可征：谢万去世后十年不听音乐。

——谢玄人称"谢孝"。

——谢弘微在哥哥谢曜去世后，哀毁过礼，长久素食，不沾荤腥，以至于僧人慧琳都劝导他善自珍重，他听后仍流泪不止。

——谢几卿这样一位放诞不拘的狂者，居家却非常笃诚和睦。其兄谢才卿早逝，他对侄儿谢藻精心抚养教育，从读书、结婚到出仕，都费尽心血。

在谢氏家族，父子不睦、骨肉相残的事是绝没有的，至少未见于文字记载。

岂止谢氏，魏晋南朝那些超凡脱俗、纵情越礼的风流名士，许多都以至孝闻名，如阮籍、王戎等。

有人把这种现象归结为儒家伦理的影响，也有人归结为延续门第阀阅之需，这当然不无道理，但根本原因并不在此。它有更深层的思想原因。魏晋以来的玄学名士受老庄熏陶而又改造了老庄之学，重有生与具的自然情感，重自我，因而也必重生我养我的父子之情和血肉相连的兄弟之谊，正如《晋书·庾纯传》所载庞札之论："父子天性，爱由自然；君臣之交，出自义和。"自然之爱当然高于作为伦理规范的"义"。所以至少在魏晋南朝，孝悌并不是儒家的独有属性。而以老庄传家的谢氏，"家传至孝"也便顺理成章了。

孝门有孝子

谢蔺比谢几卿还要低一辈，与谢朏之孙谢哲平辈，生活于梁代。

他似乎注定为孝而生,为孝而死。正如谢氏有不少天赋的神童一样,他是一位天赋的孝子。当他还是一个年仅五岁的幼童时,便已经懂得并践履孝道。每当吃饭,只要父母还没拿起筷子,他就决不会端起饭碗。奶奶让他先吃,他总是说:"我不饿。"因为他是如此懂事孝顺,舅父为他取名"蔺",说他在家为孝子,事君必定会成为蔺相如那样的忠臣。

大约在他 20 岁左右的时候,父亲谢经去世,他昼夜哭泣,茶饭不进,瘦骨嶙峋,形体单弱。母亲阮氏疼爱儿子,十分担心,亲自守候安抚,多方譬解,他才渐渐抑制住悲哀。朝廷上为了旌表他这份孝心,征辟他为法曹行参军。

梁太清元年(547 年),谢蔺奉命出使西魏。正在这时,有个反复无常、后来终成为梁朝祸患的小人侯景,先是叛梁降魏,现在又叛魏回梁,致使梁与西魏边境上发生激烈战斗。谢蔺老母阮氏挂念儿子,怕他无法回来或遭难遇险,忧愁而死。谁知谢蔺却安然无恙返回江南。路上他做了一个噩梦,第二天醒来心中忐忑不安,总有一种不祥的预感,生怕母亲有什么不虞之事。到朝廷复命后,便刻不容缓,奔回家中,果然老母已经断气。

谢蔺原本生性至孝,何况母亲又是为自己的安危担忧而死,更觉罪孽深重,无法自赎,真是痛不欲生,放声大哭,直至呕出鲜血,昏厥在地,不省人事。后来悲哀始终不能消解,连续几日水米不沾。亲友们见他这种形销骨立的样子,转而为他的身体和生命担心,纷纷前来为他排解,劝说他节哀保重,吃点东西。谢蔺在众人连劝带逼之下,勉强喝了几口稀粥,却总是咽不下去。过了一个多月,他终于悲痛而死,年仅 38 岁。

孝子之后

家风的影响是如此巨大,谢贞在孝行方面可以说是"谢蔺复出",犹如一本书的翻版。

由于受到乃父的耳濡目染,谢贞也自幼践行孝道。他的祖母,亦即谢蔺为之悲痛而死的母亲阮氏,老年时患有风眩症,每隔一二日就要发作,不能吃饭。他见祖母不吃,自己也强忍饥饿,侍奉着老奶奶。那时他年仅七岁。不用说,老奶奶也特别疼爱他。

谢蔺死时,谢贞14岁。他极度悲伤,哭倒在地,多次昏厥而又复苏。家人眼看谢蔺已经为老母悲痛而死,怕谢贞也走上这条绝路,搭上自己的一条命,便到华严寺请长爪禅师前来为他说法。禅师开导他说:"你这份孝心着实可贵,不愧为孝子之后。不过你也该知道你是谢家的独苗,无兄无弟,你母亲此生就指望你了。倘若你有个三长两短,那么你那寡母还指靠谁呢,岂不使她绝望? 这又哪里合于孝的真谛! 故还望你能抑悲节哀。"谢贞听老僧这番话入情入理,这才强抑悲哀,吃了一点稀饭,身体也渐次康复了。

这时侯景叛乱已经发生,西魏也取乱侮亡,伺机南侵,梁王朝正在走向末日。谢贞一家在战乱中失散,谢贞逃到江陵,后来江陵被西魏攻破,他又与无数难民一道被掳到魏都长安。他的母亲王氏在宣明寺出家,暂避兵燹。还有一位过往甚密的族兄谢嵩,则远走番禺。后来局势稍有稳定,他又从番禺回到建康,将王氏接回家中,尽心奉养。

谢贞被掳掠到北方时,正好20岁,一晃过了五六年。到公元557年,北周篡夺了西魏的皇位,谢贞又成为周的臣民。就在同一年,南方也江山易主,陈霸先在禅位大典中取代了梁敬帝,建立陈朝。

北周是鲜卑人宇文氏建立的王朝,文化比较落后,却很尊重南来的文化人士。谢贞也受到礼遇,成为周武帝的爱弟赵王宇文招的侍读,奉陪和辅导他阅读汉人的典籍。宇文招爱好文学,能写南方式的艳丽诗篇。他听说谢贞常常独自垂泪,觉得奇怪,派人打听,得知是因挂牵思念远在南方的老母,很受感动,对谢贞说:"我若出任地方官职,定放你回去与老母团聚,以尽孝心。"过了数年,宇文招果然得到外任,临行前奏请周武帝放谢贞南归。周武帝也为谢贞的孝心所动,又觉得乃弟的善心可嘉,便同意了他的请求。这样谢贞才得以回到江南,同阔别了20余年的老母相见,那时他已四十出头,短暂的陈王朝也已日薄西山了。

谢贞归陈以后,历任参军、记室等职,大都掌管文牍笔札。公元585年,即风流皇帝陈后主至德三年,老母病逝,他循惯例暂时离职。但丧假尚未到期,朝廷上一再催促他返职。他的深哀巨痛尚未消减,坚辞不还,而朝廷又催逼不已。他的身体本已衰弱不堪,经过一番折腾,不久也去世了。

谢贞去世前,有两位朝廷官员曾来看望劝谕他,请他复职。他更加悲恸,气绝良久。两位官员深受感动,陪他流泪。出来以后,其中一位说:"真是孝门有孝子!"另一位说:"谢公家传至孝,士大夫谁不仰慕!"

风流总被雨打风吹去

谢贞很富有象征意味,以致我们不能不惊叹历史仿佛是有意安排。

谢贞是谢安的第九世孙,是两晋南朝谢氏子弟有传记载的最后一代中唯一一人。而谢安则是谢氏家族最光荣的代表,是谢氏家风的典型体现。谢贞的出现,仿佛是把他的光环最后闪现一次。不过这并不是为国立功的光环,而只是为家尽孝的光环。这光环中仍然照见了谢安的形象与余风,即"谢公家传至孝"。

谢贞生前经历过一件事情,可以说是象征中的象征。陈宣帝的次子陈叔陵,是个极端残忍无道的家伙。宣帝太建十一年(579 年),其生母彭氏病故。东晋时王公贵人死后,多葬于梅岭(在今南京市城南)。陈叔陵请求也将彭氏在梅岭安葬,获准。于是他发掘了谢安的旧墓,将棺柩连同骸骨随处抛掷。当时谢贞已 45 岁,正在京中做官,是前述谢氏子弟中唯一亲历目睹此事的一人。东晋后期桓玄入京,曾想把谢安的旧宅权作兵营,经谢安孙谢混抗议申诉方罢。此次陈叔陵的所作所为,比桓玄狂妄无礼何啻十倍百倍,但却未见谢安的九世孙谢贞有何反响,他大概敢怒不敢言吧。如果说"兵营事件"标志着谢氏开始衰微,家族的太阳开始西偏,那么"发冢事件"则标志着谢氏已完全没落,家族的太阳即将沉沦,已经保不住家中枯骨。

如果从谢衡算起,谢贞是谢氏的第十一世,二人一首一尾。谢衡是以硕儒起家的,官至国子祭酒。此后的谢氏子弟却始终心仪老庄,任情风流。但随着时代精神的转换与政治环境的变化,又不能不表面上向儒学有所倾斜以应世,如谢几卿、谢举都精熟儒经,不过他们的深层心理毕竟根柢于老庄佛释。这种情况到谢贞有了明显的转化迹象,即向儒学更加靠拢。比较而言,琅邪王氏愈来愈倾向于儒学,而谢贞的母亲恰巧就是王氏的女儿,自幼教他修习《论语》《孝经》等儒学经典,到 13 岁时已略通"五经"大旨。这些都赫然记载于谢贞本传中,而这是此前的任何一位谢氏子弟本传中都绝没有的。如果谢氏子弟的孝悌往往根源于老庄的自然、天性,那么谢贞的孝则有了更多的儒家伦理成分,不能说与他从小修习的《孝经》无关。从这个角度上说,谢贞并不是回到其九世祖谢安,倒是走向了更远的谢衡。圈儿既然已经画圆对口,那么谢氏家族的末日也理该到来了。

谢贞去世之时,离陈王朝的结束,亦即"六朝"这个历史单元的结束,只有四年之差。"六朝"最后一位君王陈后主很赏识他的文才,曾因为一篇文章赐他大米百石。陈后主是历史上众所周知的风流荒淫之主,日夜与才臣江总、张贵妃、女学士、狎客等饮酒赋诗,制词谱曲,以《春江花月夜》《玉树后庭花》等词曲最为绮艳淫丽,全不顾国之将亡。在后代,陈后主成为亡国之君的代名词,《玉树后庭花》则成为亡国之音的典故,如"《后庭花》一曲,幽怨不堪听"、"商女不知亡国恨,隔江犹唱《后庭花》"等等。

看似偶然又不似偶然,谢贞恰好也有一个有关"花"的诗句。他好文学,本有文集,后来都失传了,只留下一个《春日闲居》的诗题;《春日闲居》全诗也失传了,只留下一句:"风定花犹落。"

这句诗为他的舅父、著名诗人王筠所激赏,说是可以追步谢惠连。诗中有风有花,描景摹色,自有谢氏诗风。不过历史的劫波淘尽了他所有的诗文,似乎有意只留下这一句作为象征,作为谢氏家族和整个贵族门阀的恶谶。是否他在时代将变的凄风苦雨中,已敏感到众芳行将无可奈何地枯谢、飘落? 不管如何,历史的事实就是,随着"六朝"这个特殊历史单元的结束,以王、谢为首的世家豪族也纷纷凋残,从风飘零。到了唐代那统一稳定的大帝国,门阀制度便逐渐根除了,更是应了"风定花犹落"的预感。正如宋代词家辛稼轩云:

舞榭歌台，

风流总被，

雨打风吹去！

第八章　千秋谢氏堂前燕

—— 山水诗篇

朱雀桥边野草花，乌衣巷口夕阳斜。

旧时王谢堂前燕，飞入寻常百姓家。

——刘禹锡《乌衣巷》

谢氏，这个绵延了将近三百载的世家大族，虽然风流总被雨打风吹去，却留下了历史的风风雨雨永远剥蚀不了冲洗不掉的鲜明足印——山水诗篇。

　　山水诗是魏晋六朝文学史上诞生的宁馨儿，是当时种种特殊的历史机缘孕育而出的葱俊娇女。六朝之前的诗篇虽不乏山水风景草木鱼虫的描写，但它们总是作为抒情言志叙事说理的陪衬而出现的，只是比拟、暗示、象征、引发某种情志事理的配角，而不是诗人歌咏的主题。比如在《诗经》中，"关关雎鸠，在河之洲"（《周南·关雎》）以兴爱情的追求，"桃之夭夭，灼灼其华"（《周南·桃夭》）以衬婚姻的喜庆，"燕燕于飞，差池其羽"（《邶风·燕燕》）以引送别的伤感，"瞻彼淇奥，绿竹青青"（《卫风·淇奥》）以况君子的美德，皆不过是切入全诗主题的敲门砖罢了。

　　魏晋六朝的种种历史契机，如老庄玄学的盛行，名士风情的潇洒，亦官亦隐的态度等等，使人们逐渐发觉：那旖旎的自然风光本身就可以成为独立的审美对象，值得作为诗的主角大唱特唱。于是山水诗脱颖而出了。这当然是整个社会、思想、文学风气的综合产儿，有一个由之以渐的过程，经过世世代代众多文人名士的共同努力，不能单纯记在谢氏的功劳簿上。但谢氏子弟在这方面毕竟有特殊贡献，是人所共认的佼佼者，是中国古代山水诗的奠基人。谢混、谢灵运、谢脁这些名字，在山水文学发展史上难以回避。

　　这并非偶然。山水诗篇是谢氏家风的结晶体和物化形态，而谢氏家风又是六朝名士风流集中持久的体现。他们世世代代"雅道相传"，希心老庄，神往山水，任情适性，亦官亦隐，比其他家族更宜于承当起开创山水诗的角色。他们衣冠磊落，风神飒爽，风流标举，兰玉自赏，易于与秀丽的山水风月发生某种精神共鸣,形成某种异质同构和生命共感,觉得与山水"情与貌,略相似","我见青山多妩媚,料青山见我应如是"。东晋名士兼诗人孙绰曾嘲笑卫承:"此人神情都不关山水,而能作文?"这里"文"即指山水诗文。那么按孙绰的逻辑,谢氏子弟"神情"最关"山水",自当最能"作文"了。他们也许正是在明山丽水中看到了自己的"神情",从而顾影自怜? 他们描绘山光水色,也许正是描绘对象化到山水中的自我?

谢氏家族又有世世代代的文学传统,从而使他们不乏描山摹水的本领。

总之,对于谢氏的名士家风来说,老庄心态给予其山水诗篇以魂,怡山悦水给予其山水诗篇以体,文学传统给予其山水诗篇以衣。山水诗篇成为谢氏家风的凝聚物,我们又可以由之反观谢氏家风。

前谢灵运时期的谢氏山水诗

谢灵运是谢氏家族以至于整个魏晋六朝山水诗的集大成者,是中国古代山水诗派的鼻祖,那么我们首先回溯一下谢灵运之前的谢氏山水诗。可以说,谢氏名士家风从哪里起步,谢氏山水之恋和山水之诗就从哪里发轫。

历史与逻辑如此密合,生活与文学如此形影相伴:这个起点正好也可以追溯到"八达"之一的谢鲲——谢氏名士家风的开启者。

纵意丘壑

谢鲲自信在"纵意丘壑"方面优于他人(见本书第一章),并以此为荣。"丘壑"即山水。谢鲲好文学,有文集,未流传下来,很难说他是否写过有关山水的篇什,但这里却无意间流露出他对山水的态度与观照方式:"纵意",即把山水当作自己纵情肆意之具。山水就是"自然",自然而然,天然如此,万古如斯,方外之所,无关名教,不涉礼法。谢鲲是达者,他正要在这自然山水中纵放为"礼"所钳的情感。这是承袭阮籍、嵇康等竹林七贤而来。七贤游放飒飒竹林,纵情悖礼,越检任心。阮籍常登临山水,尽日忘归,其《咏怀》诗中有不少山水之句。史载谢鲲"慕竹林诸人",正可看出他们之间的精神承传。

谢鲲标举纵意山水,而无山水之作传世,其子谢尚庶可填补这个空白,与之互为表里。他时号"小安丰"。"安丰"即竹林七贤之一王戎,正可看出父子两代的传承关系。他在放纵方面虽比乃父有所收敛,却仍是任诞者,只不过较为内向化了。他为镇西将军镇寿阳时,曾在佛国楼当众弹琴高歌一阕《大道曲》,首二句"青阳二三月,柳青桃复红"的风物描写(也属山水诗范围),就是他"纵意"春日良景的表现。这可谓对乃父"纵意丘壑"之论的实践。

谢尚还有一首《赠王彪之诗》,只存二句:

长杨荫清沼,游鱼戏绿波。

诗的全龙已无法看到,这残存的一鳞半爪恰是山水诗句,历史仿佛有意把它们留下作为我们的例证。你看挺拔的杨树深掩清澈的池沼,游荡戏谑于绿波中的鱼儿历历可数。对偶工整,色彩协调,有动有静,可以看出谢尚描景绘物的功夫。

兰亭雅集

大书法家王羲之的著名法帖《兰亭序》，号为"天下第一行书"，成为千古学书者的楷模。《兰亭序》又名《兰亭宴集序》，"宴集"二字透露出它的由来。那是东晋永和九年(353年)三月三日"上巳节"，时为会稽内史的王羲之呼朋唤侣，修禊于会稽山阴之兰亭。所谓"修禊"，据说原是一种祈福禳灾的古老宗教仪式，后来演化为一种春日水滨的宴饮与郊游。山阴即现在浙江省绍兴市，兰亭在城西南约25里，远处有一座坡度平缓的兰渚山。在这里聚会的文人雅士，连王羲之在内共四十二人，其中有谢安、谢万、孙绰，以及王羲之的儿子王凝之、王徽之、王献之等，——那时王献之还是个儿童。

兰亭集会不仅是一个酒会，更是一个山水之会，一个清谈之会，一个诗会。

旧历江南三月，正是杂花生树群莺乱飞的美好时节，山阴在当时更是令人流连忘返的美好所在。据王羲之《兰亭序》中说，兰亭周围有崇山峻岭，茂林修竹，兰溪静静流淌，浣漾着这些美景的倒影。加上这天天朗气清，春风和煦，益发叫人心旷神怡。也许古时兰亭原本如此，也许不免有夸张成分。文人的笔，往往不可尽信。

东晋一代的名士大都很伤感，这种伤感并不是具体的官场失志之愤或故国沉沦之痛，而是一种韶华易逝生命无常的无可名状的淡淡哀愁，一种永恒的人生烦恼，挥之不去，推之还来。他们爱好山水，是因为可在审美怡悦中暂得心灵慰藉与忘怀，所谓"藉山水以化其郁结"(孙绰语)；他们爱好山水，还因为可"以玄对山水"(孙绰语)，从天工神斧奇妙莫测的山水中领悟抽象出某种老庄玄理，从而在理性上暂得超越人生之大烦恼。拿他们自己的话说,前者叫"畅神""散怀",后者叫"悟道"。这种观照山水的态度与方式,显然与"纵意丘壑"不同,向前演化了,向内雅化了。

有山水,有玄思,自然也应当有诗。于是名士们列坐水滨,将酒杯放在水中让它随波逐流,流到谁面前谁就得作诗一首,否则罚酒一杯。结果得诗37首。作了两首的有王羲之、谢安、谢万、孙绰等11人,作了一首的有郄昙等15人,被罚酒的有王献之等16人。后来将这些诗结为一集,王羲之为之作序,孙绰作后序,分别附在诗集前后,一直流传至今。这便是王羲之《兰亭序》的由来。

兰亭诗既然写在大自然的怀抱里,当然免不了要有山水景物的描写;兰亭名士既然以玄对山水,当然诗中要有许多玄言,把山水裹在虚静缥缈的玄理薄雾中。这些诗基本属玄言诗,但已有了山水的成分,与纯粹说理的标准玄言诗有别,可称之为"带山水的玄言诗"。也就是说,这些玄言诗中已经孕育着山水诗的珠胎,此是兰亭雅集的一大贡献。

散怀悟道

在兰亭雅集的一觞一咏中,谢安、谢万各自留下一首四言诗和一首五言诗。他们既然沐浴在那种时代精神氛围中,"散怀"、"悟道"自然也同样是他们观照山水的态度与方式。如谢安那首五言的兰亭诗中有如下诗句:

> 薄云罗阳景,微风翼轻航……
> 万殊混一理,安复觉彭殇!

前二句写景：一层薄云淡遮春日阳光，一缕微风给轻帆添上翅膀。后二句悟道：这大自然天地间万品众汇，动植飞潜，各各殊异，却都遵依着有荣有枯有生有灭的事理，那么长寿的彭祖与短命的殇子又有何别？显达与隐遁又有何异？这便是由自然景物中领悟出的庄周齐生死等万物的"道"，名士们便如此在山水与玄理中暂时得到散怀畅神。

山水诗的这种写作模式——写景而后悟道，一直影响到谢灵运。

谢万是一位败北的任诞将军，在军政大略上无法与谢安相比，而在文学上却似乎胜乃兄一筹。在所有的兰亭诗中，他的两首出乎其类，拔乎其萃。尤其那首四言诗，向称"兰亭之冠"。全诗为：

> 肆眺崇阿，寓目高林。
>
> 青萝繴岫，修竹冠岑。
>
> 谷流清响，条鼓鸣音。
>
> 玄崿吐润，霏雾成阴。

诗的大意是：让我们尽情眺望那巍峨的山岭，注目那高拔的树林。看青绿的藤萝爬满了峰峦，修长的竹丛冠盖在山顶；再听那峡谷中溪水淙淙流淌，树叶在风里沙沙作响。幽暗的山岩渗着水珠，显得何等温润；迷离的轻雾笼盖周遭，形成一片清凉。

全诗通篇都是景物描写，无一句玄学的议论；它虽未直接抒情，却隐然含有对大自然的由衷爱心。谢万曾著《八贤论》，以隐逸为优而仕宦为劣。也许正是此种崇尚隐遁的高致，使他能够感受并传达出大自然的美妙。

谢万那首五言的兰亭诗也通篇写景，绝无玄言，有几处还将自然景物写得相当动人。在东晋中期，像谢万这种纯粹的山水诗真是难能可贵，那毕竟是玄言诗猖披的时代。所以任诞放达的败兵将军谢万，对山水诗的催生却功不可没。

谢混清新

另一位对山水诗的诞世起到催生之功的，便是谢安的孙子谢混。早在南朝，好几种典籍都提到他的这个功绩，共认他是山水诗产生史上里程碑式的人物，虽然初生期的幼芽都不壮伟。

这还要从玄言诗的盛行谈起。所谓玄言诗，顾名思义，就是以诗的形式直接宣讲抽象微妙的老庄玄理，犹如一篇短小的玄学论文。不难想见，这种用来说教的诗篇一定是很枯燥乏味的。因为诗原是用以抒写性灵的，要有丰富的情感，动人的形象，鲜活的辞采，玄言诗却全无这些特质，满是干巴巴的论道说理，这些道理又很玄奥。此种诗体的出现，显然是魏晋以来清谈玄学侵入文学的结果，它大约产生于西晋末永嘉年间，晋室南渡后更席卷了整个诗坛。玄言诗的代表人物是孙绰、许询，不过他们留下的玄言诗也极少——因为经不住历史长河的淘洗。这里姑举孙绰《赠温峤诗》之第一首：

> 大朴无象，钻之者鲜；
>
> 玄风虽存，微言靡演。
>
> 邈矣哲人，测深钩缅，
>
> 谁谓道辽？得之无远。

大意是："大朴"即老庄之道是虚幻无形难以捉摸的东西,因而钻研它的人很少很少;这种玄风虽在宇宙间万古长存,而其深微的义理却得不到发挥。只有那邈远时代的哲人,才能探究和阐发这深渺的哲理。谁说"道"是辽远难至的呢？ 其实得来并非难事,它就近在眼前。

这简直是一篇整齐而押韵的哲学论文,哪里有半点诗情画意！ 就是这种畸形的作品,竟垄断诗坛长达百年之久。只有在这种玄言诗风行的背景上,方可了解谢混的意义。刘宋时人檀道鸾《续晋阳秋》在回溯了玄言诗发生、发展、盛行之后说:"至义熙(405—418年)中,谢混始改。"梁代沈约《宋书·谢灵运传论》、钟嵘《诗品》也都讲到谢混起而变革玄言诗风。

谢混用以变革玄言诗的武器就是山水诗篇。从上述他的声名看,他当时该是写了不少,现在却仅留下《游西池》一首,全诗较长,仅摘历来素被推赏的四句:

> 惠风荡繁囿,白云屯曾阿。
>
> 景仄鸣禽集,水木湛清华。

轻软的晚风吹拂着草木繁盛的园林,白云聚拢在层层叠叠的山岭。太阳西沉,归巢的小鸟成群在林中喧唱;水面如镜,映出树木的清丽倒影。

这些诗句对山光水色的描写,比谢万的兰亭诗清新、优美、细致多了,即使放到谢灵运诗中也并不逊色。全诗末尾虽仍有玄言意味,所占比例已经很小。谢混的作品,在当时是对玄言诗风的一个冲击。但尽管如此,梁代萧子显《南齐书·文学传论》仍然说:"谢混清新,得名未盛。"

他的诗虽有一股清新之气,但成就不大,影响不广,还不足以扫荡玄言诗的统治,也不足以确立山水诗的地位。这个文学史上的使命,有待于他的堂侄谢灵运来承担。

"遗情贞观":谢灵运的山水诗

谢灵运是山水诗共推的不祧之祖。他的前辈们虽写出一些山水诗或准山水诗,但都不过是他的出场锣鼓,到他才集了大成,真正诞育了山水诗这个可爱的宁馨儿。在他现存的约百首诗中,可称得上山水诗的有60多首。他可谓致力于山水诗。

遗情舍尘物

在会稽始宁墅,谢灵运曾经写过两首《述祖德诗》,缅怀与歌颂祖父谢玄的功德。他说祖父在淝水立下殊勋以后,因奸佞当道,谢安去世,北伐良图成空,便毅然急流勇退,拂衣五湖,养晦山林,经营始宁墅这个环境优美的所在,在这里——

遗情舍尘物,贞观丘壑美。

这两句说的虽是谢玄,其实是他的自道。所谓"遗情舍尘物",从字面上讲是遗落世俗的情欲,抛弃功名势位这类身外之物。不过其真正内涵,应当到他的身世、思想、遭际中去寻找。其实他并不是一个虚静恬退的人。他有强烈的用世之志和功名之想,而当这一切都无法实现时,才转而用庄老的静退淡泊来自慰自解,极力遗落、忘怀那用世之心和失意之情。这便是他所说的"遗情"——其实是"矫情",因此他也永远达不到陶渊明田园诗那片真纯境界。

"贞观"的"贞",依照字书,不管解作"正"也好,解作"诚"也好,解作"清心自守"也好,在这里只能是庄老所倡言的"虚静"。更直截了当地说,"贞观"就是"静观"。它的前提是"遗情"。遗落俗情以后,襟怀中只余下一片虚静,一片清旷,于是便用此种心境去贴近、观照自然山水——"贞观丘壑美"。

"遗情"而后"贞观",这便是谢灵运观照山水的态度与方式。显而易见,他与前辈"纵意丘壑""散怀悟道"的态度又有了很大变化。

贞观丘壑美

以上两句诗,要义与精髓在"贞观丘壑美",它实实在在,连结着山水。因为"遗情"之后可转向他物以消解自我,比如酒,比如色,"贞观"一句才使诗人转目于山水。恰巧诗人失志之后来到永嘉、会稽等山水佳胜之地,于是有了"贞观"的对象,有了描绘这对象的诗篇。另一方面,诗人的"遗情"虽有矫饰、勉强的成分,但面对山水的魅力,离却京师的外诱,"遗情贞观"也是暂时可能的,于是才有他静心刻画的精丽山水诗句。

谢灵运山水诗有一个三段结构的模式,即:述行——写景——悟理。述行一层通常写他为何和如何来到某山清水秀之地,这其实就是"遗情舍尘物",走向自然美的过程。写景一层才正面刻画山水,这其实就是"贞观丘壑美"——用"遗情"之后虚静之心观照山水之美。悟理一段是由观照山水所体认领悟出的人生哲理——几乎全是隐遁忘世的庄老玄理。

写景亦即"贞观丘壑美"的一层，是谢灵运山水诗的精华，其他二层都不足为训。谢鲲的"纵意丘壑"重在自我放纵与发泄，非重在山水；谢安、谢万的"散怀悟理"也重在主观，非重在对象；"贞观"却以静心明目专注于山水自然——这便是谢灵运的进化。既有哪怕是暂时的虚静之心，又有一双诗人的锐眼，和一支生花的妙笔，于是便流泻出许多极为精工富艳的妙句，如：

> 池塘生春草，园柳变鸣禽。（《登池上楼》）
>
> 扬帆采石华，挂席拾海月。（《游赤石进帆海》）
>
> 云日相辉映，空水共澄鲜。（《登江中孤屿》）
>
> 野旷沙岸净，天高秋月明。（《初去郡》）
>
> 海鸥戏春岸，天鸡弄和风。（《于南山望北山经湖中瞻眺》）
>
> 春晚绿野秀，岩高白云屯。（《入彭蠡湖口》）

这些诗句明白晓畅，用不着多加解释。各联仅仅十字，勾勒出一幅叫人多么神往的美好画面，可谓精品、逸品，甚至达到了美的极致。与谢灵运同时代的大诗人鲍照衷心折服，赞叹为初发芙蓉，自然可爱；后人也称赏为东海扬帆，风日流丽。在这些平凡而又奇丽的自然景观面前，在这些恬静而又生动的清风朗月之中，谢灵运确能得到心灵的慰藉，他那些浮躁的不平之气确能得到消解，但这毕竟是暂时的，他如此精美富丽的诗句也毕竟太少。

玄言掩不住的世俗尾巴

人们常说谢灵运的山水诗保留着一条玄言尾巴,这种说法是符合实际的。这主要指诗中第三层悟理部分而言。这条尾巴的存在,一方面与玄言诗的长期流行与深广影响有关,他无法跳出这股玄言余风的笼盖;另一方面属于他本身的内在原因,即勉强"遗情舍尘物"。所谓玄言尾巴,其实是玄理掩藏下的世俗尾巴。

谢灵运迫于无可如何的形势,极力想摆落那追求功名势位的世俗感情,用虚静之心观照山水,并得到感动、解脱与遗忘。但一旦注意力离开具体山水作理性反思,暂抑的世俗感情便复又跳出来了。不错,他几乎每首山水诗悟出的都是老庄的隐遁栖逸、不竞无求之理,但这不过是有意掩饰罢了。患有某种疾病的人,最愿谈那种病。官场失意、壮志不酬始终是他的一块心病,一个难解的情结,他却偏要标榜出世高隐,这不过是欲盖弥彰罢了,因为真正的隐者并不总把隐逸之想整日挂在口头,他不但忘了"世",并连"隐"也忘了,此之谓通里通外大彻大悟的高隐。

谢灵运的山水诗差不多都以信誓旦旦的决心隐遁结尾,如《登池上楼》在描写了池塘春草的美景之后,末四句说:

> 索居易永久,离群难处心。
>
> 持操岂独古? 无闷征在今!

意谓:人们往往耐不住寂寞,远离宦场离群索居会觉得时间很难消磨,心情也不易静息。难道只有古代才有那种节操高尚、遁世无闷的人吗?今天也有,请来验证吧,那就是我谢灵运!

这就是他在春日丽景中悟出的"道",这就是所谓玄言尾巴。话虽这么说,但细细品味,难道不是可以想见他那不甘寂寞而又极力自我宽解的内心吗?

人们还常说谢灵运的山水诗"有句无篇",即有个别极佳的句子,而无圆融浑化的通体。这也不难理解。三层之中,第一层既是一般化的叙述过程,第三层又是抽象的玄理阐发,那就唯有中间写景的一层才有可能出现名联佳句,而它们则难免成为秀出于林的孤花。

人们又常说谢灵运山水诗情、景不能水乳交融,这其实仍然来自他那"遗情贞观"的态度与方式。他自己在诗中就坦白地说过:"理来情无存。"他既要摆落感情,保持虚静,于是笔下的山水描写也往往是纯客观的、冷静的、摄像式的。当然说纯客观也未免过分,其实那里还是深蕴着他在山水审美中的怡悦之情的。然而此后当他掉转方向,去议论遁居无闷之类的玄理,情与景便完全割裂了。

山水诗的鼻祖

尽管谢灵运山水诗有上述种种缺陷,但这只能说明开拓者荜路蓝缕之不易,并不足以动摇他作为山水诗鼻祖的崇高地位。

刘勰《文心雕龙》说宋初诗坛"庄老告退而山水方滋"。"庄老"指玄言诗,"山水"即指谢灵运的山水诗篇,它们如同茁然生长的春花,终于夺取了被玄言诗长久霸占的艺术园地。谢灵运的诗篇虽有玄言尾巴,但通篇而论不是玄言诗,而是山水诗,退一步说也不过是"带玄言的山水诗",而非"带山水的玄言诗"。有了谢灵运这个榜样,宋、齐、梁、陈之时写作山水诗蔚成风气,诗人们纷纷"效谢康乐体",并不断加以改进提升,使之日益圆美，再无人愿问津那枯燥无味的玄言诗了。用清美可喜的山水诗最终打败面目可憎的玄言诗，这是谢灵运的殊勋。

前面列举过的那类秀句隽语，在整个谢诗中虽为数不多，却是空前的，昔日谁也未能把山水描画得那么精美，即使放到唐诗中也并不减色。我们今天读来，仍会受到美的感染，令我们忆起曾经旅游过的佳丽之地，忆起我们如梦似画的家乡，增添了我们对祖国对家园对生活的一份挚爱，一份恋情，一缕梦思。

绵绵后世的文人骚客没有忘记谢灵运的功绩，他们大都能够理解这位开创者的万事开头难，高扬他的地位而不吹求。至于有人誉之为无一篇不佳，就未免褒之过当了。

谢灵运的族弟谢惠连曾与灵运吟诗赠答，也写出一些不错的山水篇什。不过，在谢灵运之后的整个南朝，最有成就最为杰出的山水诗人，历来共推谢灵运的族侄谢朓。

"赏心"：谢朓的山水诗

谢朓的山水诗比谢灵运有了长足进步。他比族伯迟生了八十年，得以在前辈开辟的草莱上精耕细作，吸收经验教训，提升操作技艺，自然会培植出更加圆美的果实。不过他的山水诗的进步，更在于他观照山水的态度与方式："赏心"。

赏心从此遇

"赏心"这个词并非谢朓的首创，倒是谢灵运的发明。谢灵运诗中

"赏心"二字连用出现了近十次,却没有一处与山水相关,而大致可理解为"知心""知己",即心灵相沟通相理解的好友。如《永初三年七月十六日之郡初发都》一诗,写他告别亲朋,从京都出发前往永嘉赴任,结尾两句说:

> 将穷山海迹,永绝赏心晤。

意谓从此将浪迹山海,纵情山水,永远失去与知心者(指庐陵王刘义真)促膝而谈的机缘。在这里,"赏心"与"山海"即自然风景恰巧是彼此对立的。这是一个最有力的证明。再如《游南亭》末联:"我志谁与亮? 赏心唯良知。"我的志趣谁能够体察? 理解我心者唯好友而已。这里"赏心"也与山水绝不相干。所以有人把谢灵运说的"赏心"解释为赏悦山水之心或被山水赏悦之心,实为不当。

真正在这种意义上运用"赏心"二字的,是谢朓。他在出任宣城太守的路上写过一首诗,名为《之宣城出新林浦向板桥》,其中说:

> 既欢怀禄情,复协沧洲趣。
> 嚣尘自兹隔,赏心从此遇。

出任太守既有俸禄可得,值得欢喜;又有山水可玩,意趣无穷。从此远离喧嚣的尘俗,投入令人赏心悦目的山水。这里"赏心从此遇"所"遇"的显指"沧洲",即山水。而且"赏心"既与"嚣尘"相对举,更显见指宁静无竞的自然界。总之到谢朓那里,"赏心"才真正成为赏鉴山水之心,或被山水所赏悦怡愉的心。"赏心"亦即我们现在常说的"赏心悦目"之"赏心"。所以,谢朓是以满怀的审美喜悦之情观照山水的,而不像谢灵运那样先强遣住感情,并从山水中悟出抽象玄理。

谢朓的个性、志趣与谢灵运显有不同,他性格柔弱,依违畏祸,没有谢灵运那种"宜参权要"的强烈信心与野心,因而也少有失志不平的愤愤,多有平安无事的祈愿。"既欢怀禄情,复协沧洲趣"的亦官亦隐生活,合于他的意愿。在京为官时,他就企望"安得凌风翰,聊恣山泉赏",梦想有一双自由飞翔的羽翼,去恣意赏悦山林泉石。所以出任宣城太守,并不像谢灵运出任永嘉那样愤懑,而是欣然乐往,去过那向往已久的朝隐生活。

谢朓诗中还有如下句子:"触赏聊自欢,即趣咸已展""要欲追奇趣""山泉谐所好""方驾娱耳目"等等,都指自然山水。"赏""趣""谐""娱"等字眼,流露出他对山水的欣赏、认同、亲和、协调的态度。他不只身体进入山水,整个心灵也拥抱了山水,并在山水中求得了赏心悦目。

"赏心从此遇",遇的就是宣城,他在那里尽情游赏。宣城是他的山水诗篇灵感的重要源泉。他存诗一百四十余首中,山水诗大约有五十首,大多是任宣城太守时或往返途中所作,因而后世称他为"谢宣城"。

有情知望乡

但谢朓又是一个感情细腻、缠绵、脆弱、矛盾的人。在险恶莫测的朝廷他惧灾畏祸,向往那无争无竞的湖海山林,恨不得插翅远离京城。而一旦真的如愿以偿来到地方,他又感伤离别,怀念亲友,怀念家乡——他所说的家乡便指京城,怀念那推心置腹的聚谈,那温情脉脉的宴筵。倘说谢灵运山水诗总是归结为隐逸,则谢朓山水诗大多可以归结为思乡。他有一个难解的恋乡情结。山水总使他想起故乡。因而在他的山水诗中,"望""归""乡"及相关字眼出现的频率特别高,如:

> 有情知望乡,谁能鬒(黑发)不变!(《晚登三山还望京邑》)
>
> 望山白云里,望水平原外。(《后斋回望》)
>
> 已惕慕归心,复伤千里目。(《冬日晚斋事隙》)
>
> 登山骋望归,原雨晦茫茫。(《赛敬亭山庙喜雨》)
>
> 望望忽超远,何由见所思!(《怀故人》)
>
> 谁识倦游者,嗟此故乡忆。(《临高台》)

谢朓不讳言"情"。如果说谢灵运是用"遗情"的目光观照山水,谢朓用的则是"含情"的目光;如果说谢灵运描山摹水意在从中悟出老庄之"道",谢朓则意在寄托望归之"情";如果说谢灵运笔下的山水偏于客观,与作者疏隔,谢朓笔下的山水则渗透主观色彩,与作者融为一体。如《之宣城出新林浦向板桥》一诗,写他方离故乡,转思故乡。开头四句为:

> 江路东南永,归流西北骛。
>
> 天际识归舟,云中辨江树。

这些景物都被人化了,心灵化了。在他眼中,江水是"归流",船只是"归舟",反衬出归期无着的乡愁。在这些景象背后,隐然有一含情凝睇之人。这些外在景象,化约为他内在的心象。这类情景交汇的诗句,在谢胱诗中不胜枚举。他还好把景物描写放在薄暮的时间背景上，映衬他那惆怅无绪的乡思。

因此，谢朓山水诗大多通篇为"情"所贯，克服了谢灵运那种述行——写景——悟理的模式，克服了情与景、景与理的断裂。如《临高台》全诗：

> 千里常思归，登台瞻绮翼。
>
> 才见孤鸟还，未辨连山极。
>
> 四面动清风，朝夜起寒色。
>
> 谁识倦游者，嗟此故乡忆！

开头便点出"思归"情愫，于是那归飞的彩色羽翼，那惶惶回巢的孤鸟，那重遮望眼的连绵峰岭，都无不打上思乡的感情印记。而凄紧的清风寒气，更加浓这思绪的怆恻。末尾点出"倦游"，点出"故乡"，与起句"思归"正相呼应，自始至终都流贯着缠绵不尽的乡情，而没有引出超越人间烟火的玄思。这样，谢朓山水诗也斩断了那条玄言的尾巴。

在谢灵运开辟出来的山水诗之路上，谢朓确又向前迈出了一大步。

圆美流转如弹丸

谢朓不仅善写诗，还善论诗。钟嵘在其《诗品》中说，谢朓曾与他一起论诗，眉飞色舞，滔滔侃侃，情绪激越，立论精当，甚至超过其作品本身。可惜这些议论未写下来，使我们无从领略他的高见。只有沈约为他记下一句，有一次他对沈约讲："好诗应当圆美流转如弹丸。"这是对诗提出的极高要求,是只有盛唐诗人才能达到的艺术境界,谢朓本人也未完全达到这种高妙的艺境。钟嵘说他的诗论超过他的诗作,大约就指这种情况而言。

但他毕竟为自己立下这个高标,孜孜不倦地攀援。《南齐书》谢朓本传说他为诗"清丽",是当代人的评估,也是千载以下的共识。"清丽"虽尚未达到圆美流转的境界,却是向此境界进取的阶级。

"清丽"不光指谢朓的山水诗,在这之外他还写出不少其他内容的"清丽"之作,不过大致而言,主要还是指他那些范山模水之句。单从这方面看,他比族叔也有了长足进步。在谢灵运的作品中,除一前一后的叙事讲理外,正面描写山水的成分不多,通常不过五六句,精美的佳句更不过一二句罢了。谢朓诗正面写景的成分扩大了,常常大片大片描写山光水色。另外,谢灵运的山水之句精雕细刻,高度凝缩,谢朓则常常渲染点化开来,显得更加圆润、流丽、高华,也更加明朗显易。如:

> 白日丽飞甍,参差皆可见。
>
> 余霞散成绮,澄江静如练。
>
> 喧鸟覆春洲,杂英满芳甸。(《晚登三山还望京邑》)
>
> 朔风吹飞雨,萧条江上来。
>
> 既洒百常观,复集九成台。
>
> 空濛如薄雾,散漫似轻埃。(《观朝雨》)
>
> 远树暧阡阡,生烟纷漠漠。
>
> 鱼戏新荷动,鸟散余花落。(《游东田》)

这些千百年来备受称引的诗句,评之为"清丽",为"圆美流转如弹丸",都是不算过分的。

令人长忆谢玄晖

不过从谢朓诗的总体来说,从他一首诗的通篇来说,除却几首最精巧的短什外,还远未达到圆美流转的艺境。他的作品正如钟嵘《诗品》所评:"一章之中,自有玉石。"有上引那种精金美玉,也有沙石瓦砾。他的诗多数结构还嫌松散,议论也嫌过多,还有不少尚欠流丽的语句。圆美流转的诗境,是魏晋以来人们自觉或不自觉的追求目标,这个目标直到盛唐方才真正达到。在这个漫长的求索过程中,谢朓无疑做出很大贡献。单就山水诗而论,倘要对他做出一个总的评估,那便是:他是谢灵运之后又一座辉煌的里程碑,是搭向盛唐精美圆润几无瑕疵的山水诗的一座桥梁。

前面曾引古人的一句诗云:"谢朓诗变有唐风。"这既指谢朓诗的音韵格调而言,更指其山水诗"清丽"甚至"圆美流转"的风貌而言。明代胡应麟《诗薮》中说:六朝人的诗境有与唐人相似者,如:"余霞散成绮,澄江静如练"是初唐格局,"金波丽鳷鹊,玉绳低建章"是盛唐格局,"天际识归舟,云中辨江树"是中唐格局,"鱼戏新荷动,鸟散余花落"是晚唐格局。所举诗句竟全出自谢朓的山水诗篇,就不能说是偶然巧合了。这种类比虽未必得当,但谢朓山水诗确与唐诗有内在联系,为唐人提供了有益借鉴,因而也得到唐人推崇,最突出的便是李白。

李白是历史上天才绝伦的诗人,后世有人却说他"一生低首谢宣城"。说他对谢朓佩服得五体投地未免夸张,不过他缅怀仰慕谢朓的诗句确实极多。这固因他曾多次往来宣城,游赏山水名胜,在凭吊谢朓遗迹之余,不免发思古幽绪,吟于诗章,但他对谢朓诗确也由衷赏爱。他曾赞叹:"蓬莱文章建安骨,中间小谢又清发","我吟谢朓诗上语,朔风飒飒吹飞雨","诺谓楚人重,诗传谢朓清",这类赏叹不胜枚举。传说他有一次登上西岳华山落雁峰,忽发奇想:"此山高与天齐,站在山顶呼出的气息,想必能通到天帝的宝座吧。可惜未带谢朓之惊人句,来搔首一问青天!"

李白有几次还在诗中直接引用谢朓的诗句,如《金陵城西楼月下吟》:"解道澄江静如练,令人长忆谢玄晖。"(谢朓字玄晖)"澄江静如练"是谢朓描绘建康附近长江夕景的名句:那清澈的江水在晚霞余照中静静流淌,犹如一匹柔软洁白的绸缎。倘若我们面对此景,想必也会忆起这和美的诗句,并也会"长忆谢玄晖"!

飞向永恒

当我行将完全结束对六朝陈郡谢氏这个华丽家族的粗略叙述,向它世世代代风流子弟依依道别之时,情不自禁又想起刘禹锡那首咏唱乌衣巷的感伤的小诗。

我时常想:随着隋这个从北方攻入而非内部禅让的王朝统一中国,随着唐以后门阀制度的逐渐消除,随着历史的一场场疾风暴雨的涤荡,陈郡谢氏作为一个门阀世族是理所当然消亡了,但它的绳绳子孙安在?即使他们在政治上一时难以翻身,但那么悠久浓郁的文学传家的风气和艺术素质,总该有一些子弟在文学上崭露头角传续风流吧?我曾经遍查谭正璧编著的《中国文学家大辞典》,那是一部几乎网罗无遗很详尽的辞典。后世姓谢的文学家在那里虽有一些,但其中任何一位都没有一点迹象可以联想为这个陈郡谢氏的后裔。只有中唐诗僧皎然自称是谢灵运的十世孙,但也不过是自称而已。很有伤感和象征意味的是:他已经真的遁入空门,长伴青灯古佛旁,而不是像他十世祖那样只是精晓佛理。

刘禹锡曾经目睹过的"旧时王谢堂前燕"也消失了。南京已成为现代城市,喧噪的车辆与市声驱走了翩翩飞燕,新式的房屋也不再适宜于这些候鸟衔泥筑巢。现代化的进程往往使自然情趣、田园风味节节败退。

但谢家的山水诗却没有消失,这是真正万古长存的谢氏堂前燕。谢氏之有山水诗,犹谢氏之有淝水大捷;谢氏之有谢灵运、谢朓,犹谢氏之有谢安、谢玄:这都是谢氏彪炳青史的光荣与骄傲。只是淝水大捷已成为历史的陈迹,而山水诗却光景常新。人们都不愿再看到战火烽烟,而愿看到更加清新怡人的自然生态环境。

在谢灵运、谢朓的创获带动之下,后世形成一个历史悠久阵容广大的山水诗派。于是这个起初在谢家华邸养就羽翼展翅飞出的翩翩诗燕,犹如一个不灭的精灵,翱翔在历史的时间和华夏大地的空间。随着它那无所不至的轻灵轨迹,描画出中国大地姣好生动的容颜。它一直飞翔到我们的时代,真正飞入了千门万户寻常百姓家。它还将永久飞翔下去,飞到绵远无尽的未来,飞入每个人的心窗,使人们在奔忙浮躁之余,去亲近与共享大自然的恬静、闲适、风雅、惠泽。

那时候,人们一定还会忆起谢氏家族。

主要参考文献

房玄龄《晋书》，中华书局 1974 年版，北京。

沈约《宋书》，中华书局 1974 年版，北京。

萧子显《南齐书》，中华书局 1972 年版，北京。

姚思廉《梁书》，中华书局 1973 年版，北京。

姚思廉《陈书》，中华书局 1972 年版，北京。

李延寿《南史》，中华书局 1975 年版，北京。

魏征《隋书》，中华书局 1973 年版，北京。

许嵩《建康实录》，中华书局 1986 年版，北京。

司马光《资治通鉴》，中华书局 1956 年版，北京。

《老子》，诸子集成本。

《庄子》，诸子集成本。

葛洪《抱朴子》，诸子集成本。

刘义庆《世说新语》，中华书局 1983 年余嘉锡笺疏本，北京。

刘勰《文心雕龙》，人民文学出版社 1962 年范文澜注本，北京。

钟嵘《诗品》，人民文学出版社 1958 年陈延杰注本，北京。

颜之推《颜氏家训》，诸子集成本。

慧皎《高僧传》，光绪十年金陵刻经处本。

道宣《续高僧传》，光绪十六年江北刻经处本。

皮锡瑞《经学历史》,中华书局 1959 年版,北京。

严可均《全上古三代秦汉三国六朝文》,中华书局影印本,北京。

逯钦立《先秦汉魏晋南北朝诗》,中华书局 1983 年版,北京。

萧统《文选》,中华书局 1977 年版,北京。

黄节《谢康乐诗注》,人民文学出版社 1958 年版,北京。

叶笑雪《谢灵运诗选》,古典文学出版社 1957 年版,北京。

李直方《谢宣城诗注》,万有图书公司 1968 年发行,香港。

吕思勉《两晋南北朝史》,上海古籍出版社 1983 年版。

王仲荦《魏晋南北朝史》,上海人民出版社 1979 年版。

王伊同《五朝门第》,金陵大学中国文化研究所 1943 年版。

毛汉光《两晋南北朝士族政治之研究》,台湾中国学术著作奖助委员会
　　1966 年版,台北。

《谢氏源流研究专集》,世界谢氏通讯编辑部编印(自印本)。

冯友兰《中国哲学史新编》(第 2、4 册),人民出版社 1986 年版,北京。

任继愈主编《中国哲学发展史》(魏晋南北朝),人民出版社 1988 年版,
　　北京。

任继愈主编《中国佛教史》(第 3 卷),中国社会科学出版社 1988 年版,北京。

汤用彤《魏晋玄学论稿》,人民出版社 1957 年版,北京。

汤用彤《理学·佛学·玄学》,北京大学出版社 1991 年版,北京。

吴光《黄老之学通论》,浙江人民出版社 1985 年版,杭州。

余英时《士与中国文化》,上海人民出版社 1987 年版。

徐复观《中国艺术精神》,春风文艺出版社 1987 年版,沈阳。

〔美〕许烺光《宗族·种姓·俱乐部》,华夏出版社 1990 年中译本,北京。

〔美〕E.希尔斯《论传统》,上海人民出版社 1991 年中译本。

附录一： 六朝陈郡谢氏家系

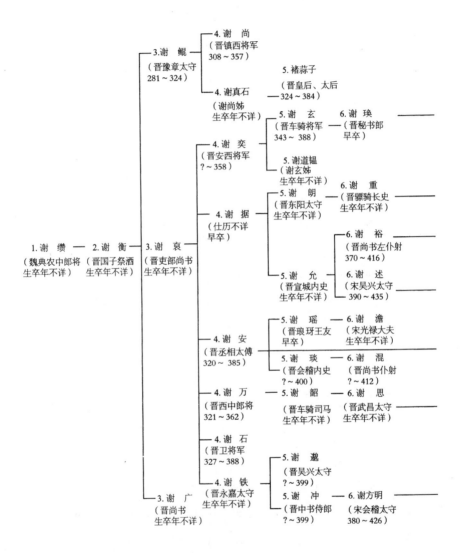

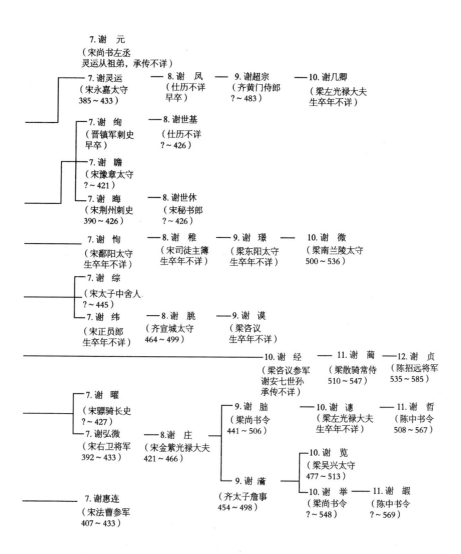

说明：（1）表中所列限于本书所提及者及其承传关系。（2）人名左方之阿拉伯数字，为该人在六朝陈郡谢氏家族中的世次。

附录二： 六朝帝王世系

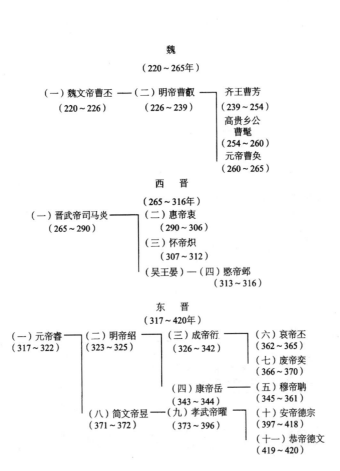

魏

（220～265年）

（一）魏文帝曹丕 ——（二）明帝曹叡 —— 齐王曹芳
（220～226） 　　　（226～239） 　　（239～254）

高贵乡公
曹髦
（254～260）

元帝曹奂
（260～265）

西　晋

（265～316年）

（一）晋武帝司马炎 ——（二）惠帝衷
（265～290） 　　　　　　（290～306）

（三）怀帝炽
（307～312）

（吴王晏）——（四）愍帝邺
　　　　　　（313～316）

东　晋

（317～420年）

（一）元帝睿 ——（二）明帝绍 ——（三）成帝衍 ——（六）哀帝丕
（317～322） 　　（323～325） 　　（326～342） 　　（362～365）

（七）废帝奕
（366～370）

（四）康帝岳 ——（五）穆帝聃
（343～344） 　　（345～361）

（八）简文帝昱 ——（九）孝武帝曜 ——（十）安帝德宗
（371～372） 　　　（373～396） 　　　（397～418）

（十一）恭帝德文
（419～420）

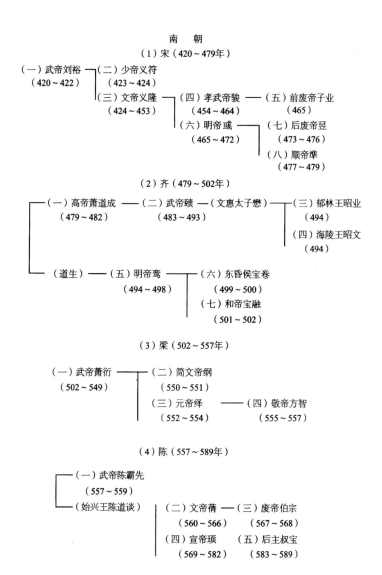

南　朝

（1）宋（420～479年）

（一）武帝刘裕 ── （二）少帝义符
（420～422）　　　（423～424）

（三）文帝义隆 ── （四）孝武帝骏 ── （五）前废帝子业
（424～453）　　　（454～464）　　　（465）

（六）明帝彧 ── （七）后废帝昱
（465～472）　　　（473～476）

（八）顺帝準
（477～479）

（2）齐（479～502年）

（一）高帝萧道成 ── （二）武帝赜 ── （文惠太子懋）── （三）郁林王昭业
（479～482）　　　（483～493）　　　　　　　　　　（494）

（四）海陵王昭文
（494）

（道生）── （五）明帝鸾 ── （六）东昏侯宝卷
（494～498）　　　（499～500）

（七）和帝宝融
（501～502）

（3）梁（502～557年）

（一）武帝萧衍 ── （二）简文帝纲
（502～549）　　　（550～551）

（三）元帝绎 ── （四）敬帝方智
（552～554）　　　（555～557）

（4）陈（557～589年）

（一）武帝陈霸先
（557～559）

（始兴王陈道谈）── （二）文帝蒨 ── （三）废帝伯宗
（560～566）　　　（567～568）

（四）宣帝顼 　（五）后主叔宝
（569～582）　　　（583～589）